ROSWITHA BROSZATH

Astrologische Erfahrungsheilkunde

Standardwerke der Astrologie

ROSWITHA BROSZATH

Astrologische Erfahrungs- heilkunde

Ganzheitliches Wohlbefinden
mit dem Horoskop

CHIRON VERLAG

Alle Angaben in diesem Buch sind vom Autor sorgfältig erwogen und geprüft worden, dennoch kann eine Gewährleistung jeglicher Art nicht übernommen werden. Ein Haftung für Personen-, Sach-, Vermögens- oder sonstige Schäden ist ausgeschlossen. Personen mit gesundheitlichen Beschwerden sollten alle therapeutischen Maßnahmen mit ihrem Arzt besprechen und auch gegebenenfalls die bei Heilmitteln anzuwendenden Gebrauchshinweise beachten.

ISBN 978-3-89997-184-2
Deutsche Erstausgabe
© der deutschen Ausgabe Chiron Verlag, Tübingen 2009

Umschlag: Walter Schneider
Fotos: Christina Kiehs-Glos
Druck: Finidr, Český Těšin

Zu beziehen durch den Buchhandel oder direkt beim
Chiron Verlag, Postfach 1250, D-72002 Tübingen

Inhalt

Einleitung

Dieses ist ein sehr persönliches Buch. Die Astrologie begleitet und begeistert mich jetzt bereits viele, viele Jahre. Aus meiner täglichen Arbeit mit Patienten und Klienten ist sie gar nicht mehr wegzudenken. 1981, als frisch gebackene Heilpraktikerin, hatte ich das Glück, bei dem allseits bekannten und hoch geschätzten Heilpraktiker Karl-Friedrich Liebau in seiner Praxis mitarbeiten zu können. Dafür bin ich heute noch dankbar, denn ich habe von ihm unendlich viel gelernt.

Besonders die Irisdiagnose hat er mir in einer Weise nahegebracht und vermittelt, dass sich darüber fast ein neuer Kosmos aufgetan hat. Mit einer Fülle an wertvollen, praktischen Erfahrungen und viel Begeisterung ausgerüstet, habe ich dann ein Jahr später meine eigene Praxis gegründet. Damals war die Astrologie ein kleines Mosaiksteinchen, das mich faszinierte, inspirierte und meine therapeutische Arbeit mit erhellenden Erkenntnissen bereicherte. Heute, nach 27 Jahren, ist sie Essenz, Basis, Dreh- und Angelpunkt bei Diagnose, Therapie und natürlich Beratung. Wahrscheinlich ist es gerade die Geisteswissenschaft Astrologie, über die sich ja immer wieder neue Räume, ja förmlich Universen erschließen, die dafür sorgt, dass sich die Faszination an meiner Arbeit praktisch immer wieder selbst erneuert. Wie heißt es so schön? Mit jeder neuen Entscheidung öffnet sich ein ganzes Universum. Mit jeder neuen Erkenntnis eigentlich auch. Über die Astrologie jedenfalls bieten sich Erkenntnisräume an, die dem rational-logischen Denken nicht zugänglich sind. Die Tür zur Seele ist offen, und damit zu einem Wissen des Patienten, das diesem oft selbst nicht bewusst zur Verfügung steht. Astrologie funktioniert! Und zwar nicht deswegen, weil die Planeten unser Leben bestimmen, sondern weil sich über die Symbolsprache Astrologie Konstellationen abbilden, wie über andere Symbolsprachen auch, wie z.B. über die Jung'sche Traumanalyse. Mein ganzes Leben, zumindest seit mir bewusstes Denken zugänglich war, bin und war ich dank meines Schütze-Mondes eine Suchende. Astrologie ist bei der Reise der Seele ein wahrhaft guter Leitstern, Navigation und Kompass zugleich.

Nach vielen Jahren Praxisarbeit werde ich heute, als gestandene, ältere Kollegin oft darauf angesprochen, doch etwas von meinen Erfahrungen weiterzugeben. Das mache ich gerne, auch aus großer Dankbarkeit heraus, das Privileg zu genießen, in diesem Leben nicht nur die Berufung gefunden zu haben, sondern auch leben zu dürfen. Einen Beruf zu haben, der auch Passion ist, das ist ein echtes Geschenk. Alles, was ich beruflich mache, erfüllt mich. Was nicht bedeutet, dass diese Arbeit nicht auch anstrengend ist. Sie fordert den ganzen Menschen, zumal ich mit der Transfiguration arbeite. Und sie verändert das Wesen, eigentlich das ganze Dasein. In jedem Gespräch mit Patienten und Klienten ist etwas an Mitteilung, an Botschaft verborgen, das auch für mich selbst eine tiefe Bedeutung hat. Diese Rückmeldungen sind es, die einen wesentlichen Beitrag zu diesem Buch leisten. Als ich mit der astrologischen Arbeit begann, habe ich explizit über diese Rückmeldungen die Erfahrung gemacht, dass Astrologie kein theoretisches Modell ist, sondern konkret zutreffende Wahrheit. – Astrologie funktioniert! – Das hat mich bewogen, diesen Weg immer stärker einzuschlagen, immer mehr von diesem Wissen in meine tägliche Praxisarbeit einzubinden. Das war übrigens eine fast automatische Entscheidung, denn es ist der Patient, der den Weg vorgibt. Er bestimmt den Schwerpunkt, die therapeutische Thematik, durch das, was er an Unterstützung abfordert. Offensichtlich spürt der Patient viel intensiver, wo die dominante Begabung oder der Auftrag liegt, als wir am Anfang unseres Weges selbst wissen. Dieses Buch richtet sich schwerpunktmäßig an Therapeuten, an Astrologieinteressierte oder an Behandler, die zumindest offen sind für dieses Denken. Oder die neugierig, ein bisschen auf der Suche sind, die eigene Praxisarbeit mit neuen Sichtweisen zu ergänzen.

Ich persönlich konzentriere mich bei meiner Praxisarbeit allerdings nicht ausschließlich auf die Astrologie, sondern beziehe auch andere Bausteine mit ein. Zu meiner Person: Ich bin Heilpraktikerin und heilkundliche Psychotherapeutin. Bei der Diagnose arbeite ich mit der Irisdiagnose, dem Vegatest, der Bioresonanztherapie und den Informationen, die mir das Horoskop in reicher Weise liefert. Unendlich hilfreich ist es, schon auf einen Blick gewisse Empfindlichkeiten zu sehen, z.b. eine Kuhmilcheiweiß-, eine Weizenallergie oder auch bei 22° – 24° Jungfrau z.b. eine Vielfalt an Nahrungsmittelunverträglichkeiten. Das ist tatsächlich möglich! In die Tiefe zu gehen und dann die einzelnen Details zu hinterfragen, geht hervorragend über die Testung, z.b. mit dem Vegatest. Therapeutisch stütze ich mich auf die Säulen Homöopathie, Phytotherapie, Schüßler-Salze, Bach-Blüten und Australische Busch-Blüten. Besonders bei der Diagnostik finde ich es wertvoll, von mehreren dominanten Seiten aus hinzusehen, um damit meine Arbeit immer wieder überprüfen und ergänzen zu können. Einen breiten Rahmen nimmt in meiner Praxis die psychologische Arbeit und Begleitung ein. Aber ich betrachte ja, wie wohl jeder Heilpraktiker, die Einheit von Leib, Seele und Geist als Ausgangspunkt jeder Diag-nose, allen Heilens. Aus- und Weiterbildung in Psychodrama, Prozessorientierter Psychologie sowie Spiritueller Psychologie erlauben es mir, von einer Ebene fast fließend auf eine andere zu wechseln oder, um es psychodramatisch auszudrücken, verschiedene Bühnen ganz nach Situation mit dem Patienten zu betreten. Um es ganz klar zu sagen: Homöopathische Mittel erarbeite ich durch Repertorisieren, nicht durch einen Blick ins Horoskop, obwohl dieses natürlich Anhaltspunkte, auch über laufende Transite, schenkt. Inspirationen liefert selbstverständlich das astrologische Bild, doch das therapeutische Handwerkszeug sollte deutlich breiter sein und durch fachliches Wissen in anderen Spektren ergänzt werden. Ich gestehe, dass ich mit meiner Fische-Sonne nicht zu den dogmatischen Homöopathen gehöre, sondern stark auf Intuition, Inspiration und sensitive Wahrnehmung des momentanen Prozesses setze. Wunderbarerweise profitiere ich auch von einem stark gestellten Jupiter, ich arbeite aufbauend! Das ist übrigens nicht meine Erkenntnis, sondern spiegelt, wie fast alles, die Rückmeldung meiner Patienten. Das Buch ist als Anregung gedacht. Ein besonderes Anliegen ist es mir zu betonen, dass alle nachfolgend aufgezeichneten Erfahrungen Teil meiner Wahrnehmung sind. Das Buch lädt gerne ein, damit zu experimentieren und weitere Erkenntnisse hinzuzufügen. Vielleicht auch das eine oder andere anders zu interpretieren. Einen absoluten Wahrheitsanspruch vertrete ich eindeutig nicht! Diese Sichtweise entspricht sowieso ganz und gar nicht meiner Persönlichkeitsstruktur.

Einstimmung

Astrologie, als uralte Geisteswissenschaft, als Symbolsprache, ist ja allen Astrologieinteressierten bekannt. Wir wissen, dass die Mundanastrologie schon in der Wiege der Menschheit, in Mesopotamien, praktiziert wurde und dass alle alten Kulturen sich mit den Gestirnen und Himmelsphänomenen beschäftigt haben. Der lange, wechselvolle Weg der Astrologie, über Staatshoroskope zu persönlichen Beratungen, streckenweise erschreckend platter Prophetie, bis hin zur heutigen differenzierten, eigentlich wieder mehr den Uranfängen angelehnten Sichtweise der Archetypen der Götter, entsprechend der Mythologie, ist eine abenteuerliche Geschichte an sich. Die psychologische Astrologie, die heute überwiegend, zumindest in der westlichen Welt, praktiziert wird, ist Seelenarbeit, ein Schlüssel zur Seele, die ja bekanntlich die Vergangenheit, vergangene Leben, wie auch die Zukunft kennt. Denn die Seele ist meiner Meinung nach angeschlossen an den höheren Bewusstseinsstrom, die kosmische Quelle. Die holistische Sicht, wie oben so unten, die sogenannte hermetische Regel, macht klar, wieso eigentlich die Symbolsprache Astrologie eine so tiefe Wahrheit beinhaltet. Es existiert ein wunderbares Hadith im Islam, das dafür eine für mich einleuchtende Erklärung liefert. Es bezieht sich auf das Prinzip des Tawhid: Dies besagt, dass der gesamte Kosmos aus einem einzigen Gewebe besteht und alles, was da ist in diesem Universum, von den entferntesten Galaxien bis hin zu uns ganz persönlich, ein einziges Muster bildet. Und wir somit in Beziehung stehen mit allem und zu allem. Wenn wir aber in Beziehung stehen und damit in Resonanz, also sowohl Empfänger wie auch Sender sind, dann sind wir nicht nur eingebunden in einen Schöpfungsplan, sondern stark am eigenen Schöpfungsgestaltungsprozess beteiligt. Das widerlegt allein schon die unzähligen Kritiker, die sich an der Astrologie reiben, weil sie die Selbstbestimmung, die Freiheit des einzelnen Individuums angeblich verhindere. Die hermetische Regel hat natürlich auch Bedeutung für die Astromedizin, oder besser die holistische Heilweise. Die Erkenntnis, dass alles in allem enthalten ist, bezieht sich auf viele Ergebnisebenen. Die Irisdiagnose z.b. würde keine Erkenntnisse schenken, wenn sich nicht der Organismus mit allen Organfeldern und -entsprechungen, auch psychischem Ungleichgewicht und Krankheitsbereitschaften, im Mikrokosmos der Iris spiegeln würde. Die Fußreflexzonentherapie entspricht dem gleichen Prinzip; die Akupunktur, besonders die Ohrakupunktur ebenfalls. So spiegelt sich immer wieder eine andere Symbolsprache des Menschen mit seinem Leib-Seele-Geist-Sein. So auch im Horoskop. Wir wissen nicht genau, wo die Anfänge der Einbeziehung der Astrologie in die Heilkunde tatsächlich liegen. Die chaldäischen Priester ebenso wie die Priester Ägyptens waren sowohl für das Seelen- als auch für das körperliche Heil zuständig und bezogen ihr Wissen über planetarische Aussagen. Nach astrologischen Kenntnissen und in Resonanz mit dem Kosmos wurden Heilkräuter geerntet, zubereitet und verabreicht. Die griechischen Ärzte bezogen sich beim Heilen z.B. immer auf die vier Elemente – bekannt als Säulen der Astrologie. Auch vom Vater der Medizin, Hippokrates, sind Schriften überliefert, die zeigen, wie er die Sternenkunde mit der Heilkunst zusammengebunden hat. Oder, noch weiter zurück: Der biblische Prophet Esra hat, der Überlieferung nach, ein Traumlunar und ein Krankheitslunar geschrieben. In diesen Schriften wird die Beziehung zwischen Träumen und Erkrankungen dargestellt. Der Zusammenhang zwischen Astrologie und Heilkunst zieht sich wie ein roter Faden durch die gesamte

Geschichte der Astrologie. Die Zeiten, in denen Astrologie an Universitäten gelehrt wurde, sind leider lange vorbei. Wir müssen eben immer noch mit den Vorurteilen kämpfen, die entstanden sind, als astrologische Deutung als Jahrmarktsattraktion missbraucht wurde. Aber: Sowohl Hildegard von Bingen wie auch der wunderbare Paracelsus (Theophrastus-Bombastus von Hohenheim) wussten die Astrologie zu schätzen. Von Letzterem stammt auch der Ausspruch: «Wer ein richtiger Doktor sein will, der lerne zu verstehen, welche Rezepte die Konjunktion der Kräuter und Sterne am Firmament zusammensetzt.» Heute existiert das Lehrfach «Astrologie» bereits wieder an renommierten Heilpraktikerschulen wie der Samuel-Hahnemann-Schule in Berlin. Auch ich erlebe in meiner täglichen Arbeit kein Stirnrunzeln, kein Naserümpfen, sondern echtes Interesse meiner Patienten für die astrologische, holistische Heilweise.

Die Einheit von Leib, Seele und Geist ist unbestritten. Die permanente Resonanz, in der wir uns mit allem und jedem befinden, ebenfalls. Krankheit und Gesundheit, diesen Spannungsbogen müssen wir deswegen auch in genau diesem Kontext betrachten. Gibt es eine absolute Gesundheit? Ich glaube nein. Wie soll das gehen, in einer Welt, in der Umweltverschmutzungen jeder Art, hohe Belastungen des Wassers, der Atemluft mit Schadstoffen, Elektrosmog und hohen Reizen durch Außenimpulse unvermeidbar sind? Eine Welt, in der das System ebenfalls meist krankt. Eine Welt, in der selbst bei noch so kritischem Durchlesen der Nahrungsingredienzien nicht ganz klar ist, was wir eigentlich wirklich zu uns nehmen. Scheinbar hält unser Körper sehr viel aus, aber spurlos vorbei gehen diese Einflüsse an ihm natürlich nicht. Ganz abgesehen davon, dass zur Polarität, die sich auf unserem gesamten Planeten spiegelt, auch der Gegensatz von Wohlbefinden und Krankheit wohl dazugehört.

Ein ganz besonderes Bedürfnis ist es mir zu sagen, dass Krankheit meiner Einschätzung nach nicht automatisch und folgerichtig das Ergebnis falschen Handelns oder einer fehlen-

den Eigenarbeit ist. Immer wieder erlebe ich, wie zutiefst ge-
kränkt meine Patienten darauf reagieren, dass bestimmte Esote-
riker – auch etliche Bücher, die diesbezüglich auf dem Markt
sind – behaupten, dass Krankheit nur Raum findet, wenn die
Seelenabsichten und Anlagen unterdrückt werden. Das stimmt
sicher nicht! Krebs ist nicht zu verhindern, wenn ich meine
Aggressionen auslebe, ein Unfall nicht vermeidbar, wenn ich
sozusagen prophylaktisch mit einem Kontrahenten einen Zu-
sammenstoß provoziere. So simpel sind kosmische Entsprechungen und Kräfte ganz sicher nicht und ebenso wenig einfach
mal so auszutricksen. Meiner Einschätzung nach ist Krankheit
Wandlungskraft, wie alle anderen Krisen auch, z.b. im seelischen Bereich, im Beziehungsleben oder im Arbeitsbereich. Ich
finde es abwertend und skandalös, ja krankmachend, einem
Kranken das Gefühl zu vermitteln, dass er deswegen leidet, weil
er irgendetwas Wesentliches nicht «kapiert» hat. Ich glaube,
dass Erkenntnis eine heilende Kraft hat, aber Erkenntnis eben
auch überwiegend über Wandlungskrisen gewonnen wird. Die
Felder dieser Krisen scheinen vorher zumindest angedeutet. Ein
stark besetzter erster Quadrant im Horoskop geht ganz häufig
einher mit dem Ausagieren von Karma und Erkenntnisgewinn
über körperliche Entsprechungen und auch Störungen. Ein Saturn im 6. Haus legt ebenfalls nahe, sich liebevoll und intensiv
um den Körper zu bemühen, die Gesunderhaltung, auch bei
anderen, zu einem wichtigen Thema zu machen. Rudolf Steiner
und demzufolge die Anthroposophen sagen sehr klar, dass Erkrankungen, selbst eine simple Fraktur, die ja einem einfachen
Geschehen entspricht, einen wichtigen Entwicklungsschritt ini-
tiieren. Ein besonders eindrückliches Beispiel sind die Schamanen, die ja erst ihre Initiation erhalten, wenn sie mit ihrer Heil-
Kraft in Kontakt gekommen sind. Das geschieht immer über
Krankheit, oft sogar drastischer Art.

Hilfreiche Elemente auf dem Weg zum Wohlbefinden

Homöopathie

Die Homöopathie ist keine sanfte Heilweise, aber eine feinstoffliche. Sie vertritt übrigens denselben Denkansatz wie die Astrologie: Ohne Bereitschaft, ohne Anlage kann sich nichts verwirklichen. Das heißt: Nicht der Erreger macht krank, sondern die Bereitschaft. Die Resonanz mit dem Keim setzt das Geschehen in Gang.

Die Homöopathie verdanken wir dem großen Arzt Samuel Hahnemann (1755 – 1843). Der alles entscheidende Lehrsatz heißt: Similia similibus curentur – «Ähnliches werde durch Ähnliches geheilt». Hahnemann war ein Berufener, der mit seiner therapeutischen Arbeit und den damals vorhandenen Möglichkeiten, Patienten zu behandeln, zutiefst unzufrieden war. Wie so oft ist die konstruktive Unzufriedenheit der Initiator großen Geschehens! Hahnemann begann zu forschen, zu experimentieren. Selbstversuche und Experimente brachten ihn auf den Weg eines völlig neuen Denkens. Das Prinzip der Ähnlichkeit entdeckte er scheinbar zufällig. Sein Schlüsselerlebnis war das Prüfen der Chinarinde im Selbstversuch. Als er ein Buch des schottischen Pharmakologen William Cullen übersetzte, stieß er dabei auch auf dessen Abhandlungen über Malaria. Über dieses Aha-Erlebnis ist viel geschrieben worden. Wichtig ist, dass mit der Homöopathie ein völlig neues Kapitel in der Geschichte der Heilkunst aufgeschlagen wurde. Homöopathie setzt an der Reaktionsbereitschaft des Organismus, den Lebenskräften, dem Abwehrmechanismus, an. Der wesentliche Punkt der Unterscheidung zwischen Schulmedizin und Homöopathie ist auch der, dass nicht die Krankheit behandelt wird, sondern der erkrankte Mensch. Das ist ein gewaltiger Unterschied. Bronchitis ist eine Diagnose, der Homöopath aber kann allein mit diesem Begriff, dem Etikett, gar nichts anfangen. In Hahnemanns Buch *Reine Arzneimittellehre* wird von ihm deutlich darauf hingewiesen, dass sowohl das Prinzip der Ähnlichkeiten wie auch konstitutionelle Gesichtspunkte von ausschlaggebender Bedeutung sind. Das heißt bezogen auf die Bronchitis, entscheidend ist: Wie ist der Husten? Wie der Schmerz? Wie die Symptomatik? Wie die Stimmung? Liegt der Patient auf der schmerzenden Seite, wäre z.B. an Bryonia zu denken. Dazu aber müsste die Persönlichkeitsstruktur passen. Zu Bryonia beispielsweise schrieb Hahnemann einmal: «Da nun das Weib sehr robust war, gab ich ihr eine der stärksten homöopathischen Gaben, nämlich die Zaunrübe (Bryonia).» Einer sanften Pulsatillapatientin aber würde man natürlich homöopathisch nicht Bryonia verabreichen, selbst wenn sie auf der schmerzenden Seite liegen würde. Die Gesamtschau ist wichtig. Sowohl der Charakter, die miasmatische Sicht als auch das Ähnlichkeitsprinzip müssen stimmen. Und stimmen muss auch die Potenz. Denn homöopathische Mittel sind stark verdünnte – potenzierte – Arzneien. Die homöopathischen Arzneien werden aus Tinkturen von Pflanzen, Tieren, Mineralien und anderen Elementen gewonnen. Die Verdünnung ist so stark, dass lediglich das Geistprinzip wirkt. Der Geist des Ursprungsstoffes wird eingefangen und in mehreren oder sogar vielen Schritten immer weiter verdünnt oder verschüttelt. Früher galt folgende Regel: niedrige Potenzen D3 bis D12, mittlere D12 bis D30, hohe D30 bis D200, ab D200 sehr hohe Potenz. Heute werden überwiegend C-Potenzen, Q-Potenzen oder LM- Potenzen verabreicht. Jeder Homöopath hat da seine Vorlieben. Sicher aber gilt immer noch die Regel: Im akuten Fall sind niedrige, im chronischen mittlere empfohlen. Hohe Potenzen haben immer eine starke Wirkung auf der psychischen Ebene. Dass sehr hohe Potenzen, wie z.B. C100.000, das Karma verändern, glaube ich nicht. Ich denke, dass göttliche Prozesse nicht mit Homöopathie zu beeinflussen sind. Sehr behutsam aber muss man mit Hochpotenzen sicher umgehen, weil man damit ja starke psychische Prozesse anstößt. Das Phänomen der Erstverschlimmerung ist allgemein bekannt und leider keine leere Drohung. Natürlich zeigt eine solche auch, dass die Arznei in Resonanz mit dem Patienten steht. Ich selbst halte mich an die Weisheit: Starke Reize erschlagen, sanfte fachen Lebenskräfte an. Eine echte, tief greifende homöopathische Behandlung ist ein langer Prozess. Krankheiten sind Schichten, die sich überlagern. Mit jeder Arznei kann eine neue Schicht zum Vorschein kommen. Natürlich kann auch palliativ behandelt werden, ein Akutmittel in niedriger Potenz zur möglichst sofortigen Besserung gegeben werden. Das Organon von Hahnemann ist die Bibel der Homöopathen. Mach's nach, aber mach's genau nach, das ist das Gesetz der klassischen Hahnemann-Nachfolger.

Inzwischen hat sich – speziell dank der Samuel-Hahnemann-Schule in Berlin – auch die Prozessorientierte Homöopathie einen Platz erobert. Sie folgt keinen allzu strikten Gesetzen, sondern begleitet den Menschen in und bei seinem Prozess. Die Komplexmittel-Homöopathie erhitzt die Gemüter der konservativen klassischen Homöopathen. Bei der Komplexmittel-Homöopathie werden verschiedene homöopathische Tiefpotenzen gemischt und verabreicht. Ob Oligoplexe oder Similiaplexe: Auch diese Arzneien wirken, z.T. sogar auf eine verblüffend schnelle Weise. Die Idee, die dahinter steht, ist, dass die Wirkung, die hier entsteht, mehr ist als die Summe der einzelnen Komponenten. Eine höhere Schwingung entsteht.

Phytotherapie

Die Phytotherapie ist die Pflanzenheilkunde, die eigentlich bereits seit den Anfängen des menschlichen Seins in irgendeiner Form praktiziert wird. Pflanzen standen den Ärzten, Heilern und Therapeuten immer schon zur Verfügung, und oft waren Pflanzen, Bäume und Kräuter das Einzige, was zur Heilung eingesetzt werden konnte. Und man konnte damit heilen! Ob Tee, Kräuterauflagen, Kräuterauszüge, es wurde sogar Schimmel auf Wunden aufgelegt. Das allseits bekannte Aspirin ist der Nachfahre des Weidenrindenextraktes, welches früher bei Fieber und vielen Erkrankungen, die mit Fieber und Schmerzen einhergingen, verabreicht wurde. Selbst heute finden Pharmakologen immer wieder neue Erkenntnisse über Pflanzen, und diese zeigen, dass das intuitive und überlieferte Wissen unserer Ahnen eine tiefe Wahrheit enthält. Die Natur heilt! Unsere Vorfahren hätten nicht überlebt, wenn nicht die Natur immer wieder für alles ein Kraut wachsen lassen würde. Schön finde ich den Satz: «Sol herbis sanat» – «Die Sonne heilt durch die Pflanzen.» Denn dadurch kommt das Wechselspiel «Erde – Kosmos» wieder stärker ins Bewusstsein. Pflanzen, wie z.b. die wunderbare Mariendistel, werden in verschiedenen Zubereitungen verabreicht: als Tee, Tinktur, Tabletten, Dragees oder Pulver.

Homöopathie ersetzt keine Phytotherapie, jedenfalls empfinde ich das so. Zur Leberentgiftung oder als Drainagemittel ist z.b. die Mariendistel unentbehrlich. Auch Leinsamen und Heilerde sind Heilmittel, die uns die Natur schenkt, und beide sind von großer Wirksamkeit.

Schüßler-Salze

Dr. Wilhelm Schüßler (1821 – 1898) befasste sich intensiv mit der Bedeutung der Mineralstoffe für den menschlichen Organismus. Aus diesem Forschen heraus entwickelte er eine ganz eigene Heilweise, die «Biochemie nach Schüßler».

Schüßler betrachtete Krankheit als «Betriebsstörung des Körpers» aufgrund von Mineralmangel oder Mineralungleichgewicht. Schon Rudolf Virchow sagte: «Die Krankheit des Körpers ist die Krankheit der Zelle.» Hier setzt das Denken Schüßlers an.

Er formuliert, dass Mineralstoffe, die von der Zelle aufgenommen werden, Ungleichgewicht und Defizit beheben. Schüßler war zunächst homöopathischer Arzt. Deswegen arbeitet er ebenfalls mit potenzierten, stark verdünnten Substanzen. Er weiß, dass Mineralstoffe, die in reiner Form gegeben werden, auf den Organismus keine heilende, sondern zum Teil sogar eine schädliche Wirkung haben können. Man denke nur an zu viel Salz, was ja eine Verschiebung des physiologischen Gleichgewichts zur Folge hat. Potenziert aber wirkt sich Kochsalz (Natrium chloratum Schüßler) regulierend auf den Flüssigkeits- und Wärmehaushalt aus, also bedient fast das gegensätzliche Prinzip. Die Schüßler-Heilweise ist nicht der Homöopathie gleichzusetzen, auch wenn hier mit Potenzen gearbeitet wird. Sie ist eine Reiztherapie, die auch zum Ausbalancieren, Ausleiten und Ausgleichen von Mängeln eingesetzt werden kann. Da die Schüßler-Tabletten auf Milchzuckerbasis hergestellt werden, vertragen Menschen mit einer Milchzuckerunverträglichkeit diese Gaben nicht! Dankenswerterweise hat die Firma Schuck inzwischen Globuli auf den Markt gebracht, die Schüßler-Salze auch für Milchzuckerempfindliche verträglich machen. Schüßler-Salze werden oft als Lebenssalze bezeichnet. Auch hier gilt: Viel hilft nicht automatisch viel!

Bach-Blüten-Therapie

Die Bach-Blüten-Therapie ist eine gute Möglichkeit, Ungleichgewicht und Disharmonie auszubalancieren. Sanfte Impulse, die harmonisieren, sind hier wirklich versprochen, deswegen eignen sie sich auch zur Selbstbehandlung. Entwickelt wurde diese Therapie von Dr. Edward Bach (1886 – 1936). Nach langer Erfahrung suchte er in täglicher ärztlicher Praxisarbeit nach neuen Wegen. Oft liegt ja ein besonderer Schatz in altem Wissen verborgen. In diesem Falle entdeckte Dr. Edward Bach das keltisch-druidische geistige Erbe und entwickelte daraus die Bach-

Blüten-Therapie. Die Druiden, die die kultische und geistige Elite in der keltischen Gesellschaft bildeten, heilten, indem sie die kraftvollen Schwingungen, den Geist der Pflanzen, übertrugen. Bach hat dieses Denken weiterentwickelt, verfeinert und zur Vollendung gebracht. In den Essenzen seiner Bach-Blüten sind das Geistartige, das tiefe Wesen der Pflanzen, aber auch die Energie der Sonne, der planetarischen Einflüsse und die Information des Wassers eingefangen und vervielfältigt. Bach-Blüten werden zu ganz bestimmten Planetenstunden gepflanzt, geerntet und zubereitet. Auch hier begegnen wir wieder einer Art homöopathischen Prinzips. Übrigens: Vom berühmten Bismarck ist überliefert, dass er Phasen starker Depressionen durchmachte und dann auf seinem Gut den Garten aufsuchte, um Eichen zu umarmen. Der Geist, die Kraft der Eichen, so empfand er es, gab ihm Kraft. Die Eiche (Oak) ist eine Bach-Blüte, die bei depressiven Verstimmungen und Energieverlust wieder aufbaut und hilft, alle Kräfte in sich neu zu aktivieren. Oak versorgt mit unerschütterlichem Willen und einer gesunden Power.

Australische Busch-Essenzen

Die Ureinwohner Australiens, die Aborigines, besaßen und besitzen eine tiefe Weisheit, ein Wissen, das uns manchmal fast vor Rätsel stellt. So hatten sie zum Beispiel Kenntnis über den Planeten Uranus zu einer Zeit, als dieser bei uns noch gar nicht entdeckt worden war. So wurden die Busch-Essenzen eigentlich von den Aborigines entdeckt, denn sie verzehrten, um die Wirkung der Busch-Blüten zu erfahren, die ganzen Blüten, möglichst noch von Tau benetzt, um von der Ganzheit der Heilkraft zu profitieren. Sie wussten ganz genau, welche Blüte welche Seelen- und Krankheitszustände heilte. Das Wirk- und Herstellungsprinzip der australischen Busch-Essenzen entspricht stark dem der Bach-Blüten. Die Essenzen selber aber haben einen ganz anderen Geist. Der australische Kontinent hat bekanntlich eine einzigartige Flora und Fauna, die auf Lemurien zurückgehen soll. Ebenso eine weise, alte Energie, die sich von allen anderen Kulturen unterscheidet. Diese metaphysische spirituelle Energie ist eingefangen in den Busch-Essenzen. Wie kamen sie zu uns? Ian White verdanken wir diesen Schatz, er begleitete als kleiner Junge seine Großmutter auf langen Märschen, wohl dem Walkabout, durch den australischen Busch. Er suchte mit ihr nicht nur Heilkräuter, sondern hortete auch das Wissen, das die Vorfahren an die Großmutter weitergegeben und überliefert hatten. Die Familientradition der Heiler, in die Ian White hineingeboren wurde, setzte er begeistert fort. Er sammelte altes Wissen, erweiterte dies mit eigener Visionsarbeit und schenkte uns damit einen ungeheuren Schatz an therapeutischem Handwerkszeug. Die Kraft der Blüten-Essenzen ist beeindruckend. Besonders bei emotionalem Ungleichgewicht wirken sie tief greifend und beeinflussen darüber hinaus das Organgeschehen. Wer mental, emotional oder spirituell zur Harmonie gelangen möchte, ist mit den australischen Busch-Essenzen allerbestens beraten. Die spirituelle Ebene dieser Essenzen empfinde ich als stärker und ausgeprägter als bei den Bach-Blüten.

Irisdiagnose

Dass die Augen das Tor zur Seele sind, ist schon eine Volksweisheit. Die Irisdiagnose ermöglicht es uns, sowohl die Konstitution, die Krankheitsbereitschaften wie auch Organveränderungen (akut oder chronisch) abzulesen. Das mag utopisch klingen, funktioniert aber. Es setzt natürlich das Wissen um die topografischen Felder der Iris voraus. Jede Färbung, jedes Zeichen, jede Einkerbung, Abflachung, Einbrechung, Aufhellung, Abdunkelung, jede Besonderheit hat eine ganz bestimmte, klare Bedeutung. Die Irisdiagnose ist eine Hinweisdiagnose! Pastor Felke und Frau Pastor Madaus haben uns diesbezüglich einen großen Schatz an Wissen hinterlassen. Die Irisdiagnose ist aus Anschauung und Erfahrung entstanden, wie so vieles in der alternativen Heilkunde, die ja deswegen auch Erfahrungsheilkunde heißt. Der große Vorzug der Irisdiagnose ist, dass sich Krankheitstendenzen im Vorfeld zeigen. Ob Diabetes mellitus oder Gefäßveränderungen, die Iris zeigt es lange vorher an. So früh, dass man noch darauf eingehen und z.B. mit Ernährungsmaßnahmen dagegenhalten kann. Ich persönlich liebe die Irisdiagnose, weil sie mir, wie das Horoskop, oft schon durch einen langen, intensiven Blick ganz tiefe Einblicke vermittelt.

Praktische Astromedizin

Die praktische Astromedizin der jeweiligen Tierkreiszeichen habe ich in zwei große Themenblöcke unterteilt.

In der ersten Gruppe, die ich unter den Begriff **Astromedizinische Gesichtspunkte** stelle, beginne ich ganz klassisch mit dem *astrologischen Organbezug*. Es folgen die *archetypischen Krankheitsbereitschaften* und die *Konstitutionen*.

Die typischen *irisdiagnostischen Hinweise*, die meiner Erfahrung nach gehäuft bei den jeweiligen Tierkreiszeichen zu finden sind, stelle ich anschließend vor. Daraufhin gehe ich auf das *archetypische Verhalten im Krankheitsfall* ein. Auch hier beziehe ich mich auf eigene Beobachtungen aus der Praxis.

Nicht fehlen dürfen meiner Meinung nach in einem Buch über Astromedizin die *anatomischen Entsprechungen der Tierkreiszeichen*, wobei ich sowohl die Grade nach Reinhold Ebertin[1], als auch die Einteilung von Maurice Wemyss verwende[2]. Die Klassifizierung dieser beiden Astrologen ist in jedem Fall spannend, erhellend und als Anregung gedacht, um damit zu experimentieren und eigene Erfahrungen zu sammeln. Besonders dann, wenn Transite diese Punkte berühren, gibt es oft konkrete Auffälligkeiten.

1 Reinhold Ebertin. *Anatomische Entsprechungen der Tierkreisgrade*. Freiburg 1991.
2 Maurice Wemyss. *The Wheel of Life or Scientific Astrology*, Bd. IV und Bd. V. London 1927 – 1929.

Bei meiner täglichen Arbeit habe ich viele eigene Beobachtungen machen und Erkenntnisse sammeln können, die ich als äußerst hilfreich empfinde und ebenfalls gerne als Anregung weitergebe. Unter der Rubrik *Empfindlichkeiten und Allergiebereitschaften* habe ich meine ganz persönlichen Erfahrungen aufgelistet.

Der Mensch ist, was er isst. Es gibt wohl keinen Heilpraktiker, der Ernährung nicht in die Behandlung miteinbezieht, denn eine gesunde Kost ist die Voraussetzung für wirklich jeden Heilungsprozess. *Ernährung*, den archetypischen Bedürfnissen der Tierkreiszeichen zugeordnet, schließt deswegen das erste große Buchkapitel ab.

Unter dem Oberbegriff: **Hilfreiche Elemente auf dem Weg zum Wohlbefinden** stelle ich die elementaren Bausteine vor, mit denen ich speziell gerne in meiner Praxis arbeite. An erster Stelle steht die *Homöopathie*, als Königin der alternativen Medizin.

Dann: die *Phytotherapie*, die Pflanzenheilkunde, die den ganzen Reichtum der Natur umfasst und eigentlich die Wurzel der Heilkunde darstellt.

Es folgen die *Schüßler-Salze*, die als Lebenssalze bezeichnet werden.

Eine große Bereicherung in der therapeutischen Arbeit sind die *Bach-Blüten*, welche jeweils den Tierkreiszeichen zugeordnet werden.

Ich fahre fort mit den *Australischen Busch-Blüten*, die sehr tief wirken und zusätzlich eine besonders hohe, spirituelle Dimension enthalten.

Auch Farben können bei Heilungsprozessen eine wichtige Rolle spielen. Aus diesem Grund gibt es zu jedem Tierkreiszeichen einen Absatz über das *Heilen mit Farben*, wobei auch *Farbgruppen in Nahrungsmitteln* und die Wirkung von *Heil- und Edelsteinen* berücksichtigt werden.

Um einen echten Heilungsprozess zu erreichen, der ja auch immer mit Bewusstseinsveränderung, vielleicht sogar Bewusstseinserweiterung einhergeht, schließen sich Hinweise zu *Psychotherapie, Körperarbeit* und *Meditation* an. Dabei habe ich, jeweils dem Temperament des Tierkreiszeichens entsprechend, selbstverständlich auch Sport- und Fitnessvorschläge einbezogen.

Widder

21. März – 20. April

M it dem Tierkreiszeichen Widder beginnt der astrologische Zyklus, das astrologische Jahr analog zum Frühlingsbeginn. Meiner Meinung nach ist dies eine Definition, ein dem Frühlingserwachen zugeordneter Anfangspunkt, den wir als Erklärungsmodell gewählt haben. Aber ein Kreis hat weder einen Anfang noch ein Ende. Somit sind alle Diskussionen darüber, wo der Kreis beginnt und wo er endet, überflüssig. Es gibt spirituelle Schulen, die Widder als zwölftes, als spirituell hoch entwickeltes Zeichen bezeichnen, weil Widder tatsächlich oft hohe Führungspersönlichkeiten sind und mit politischen und sozialen Aufgaben betraut sind, die man sicher ganz «jungen Seelen» wohl kaum in die Hände legen würde. Das sage ich nur deswegen, weil gerade Widder oft als instinktgesteuert, sehr ursprünglich und seelisch sozusagen in Anfangsstadien dargestellt werden. Das stimmt einfach nicht! Der Widder gehört zum Feuerelement, ist männlich und marsisch. Der Herrscher ist Mars, aber nicht ausschließlich mit seinen kriegerischen Anteilen, obwohl es auch spirituelle Krieger gibt. Mars und damit auch Widder sind vielgesichtig, vielschichtig.

Der Widder steht am Beginn und führt den Reigen der Tierkreiszeichen an. Das können wir symbolisch werten: Widder führen gerne und haben oft viel Autorität und Macht, übrigens auch den entsprechenden Willen. Widder steht für die Persönlichkeitsfindung, die Suche nach dem Ich, der Identität, dem Aufbau von Selbstbewusstsein. Sein Temperament ist cholerisch, heftig und stürmisch, er ist auf Durchsetzung und Wettkampf ausgerichtet. Seine Vorstellung, das Leben als dynamischen Prozess selbst zu zwingen, kann das Leben anstrengend werden lassen und zu vielen Umwegen führen. Widder handeln sofort, spontan und ohne zu zögern. Das hat zum Teil schon etwas Militärisches an sich. Eine einmal getroffene Entscheidung ist schon deswegen richtig, weil sie getroffen wurde. Realistisch gesehen gibt es natürlich keine ausschließlich richtigen Beschlüsse. Das bringt energetische Widder aber nicht aus der Fassung. Dann wird eben eine Neuentscheidung getroffen. Die Figur des «Easy Rider» passt nach meinem Empfinden sehr gut zu diesem Tierkreiszeichen. Denn Abenteuerlust und Freiheit im Denken und Handeln kann auch mit einer gewissen Einsamkeit einhergehen. Auch weibliche Widder sind hochdynamisch. Ich kenne eine Widder-Frau, die als einziges weibliches Wesen an einer Expedition in den Karpaten teilgenommen hat, bei der Wölfe beobachtet wurden. Das ist schon sehr spannend, ausgefallen! Die übertriebene sexuelle Ausrichtung, die manche Astrologen den Widdern zuordnen, kann ich so nicht bestätigen. Widder sind viel zu selbstständig, auf Initiation, Erweiterung und Aktivität ausgerichtet, als dass sie sich so sehr mit einem Thema identifizieren wollen. Ebenso die Äußerung, dass Widder eine kumpelhafte, direkte, etwas taktlose Art haben Kontakte zu knüpfen, stimmt meiner Meinung nach nicht. Widder haben sogar eine berührungsängstliche Seite und sind immer auf der Reise und darum bemüht, Neues in sich und um sich zu erobern. Sie sind auf permanente Freiräume und Veränderung bedacht und wirklich sehr vorsichtig darin, andere an sich heranzulassen. Widder-Kraft muss fließen; Sport, Bewegung und Fitness können hier förmlich süchtig machen. Eine verhinderte Durchsetzung kann zu körperlichen Entsprechungen führen; ebenso führt eine zu starke Selbstbeherrschung ganz häufig z.B. zu Spasmen der Gallenwege oder auch zur Gallensteinbildung, weil Steine Ausdruck gestauter und zu Konkrementen erstarrter Emotionen sein können.

Astromedizinische Gesichtspunkte

Dem Tierkreiszeichen Widder werden astromedizinisch der Kopf des Menschen zugeordnet und alle dort angesiedelten Sinnesorgane. Die Augenbrauen und die Nase stellen das astrologische Symbol des Widders dar. Der Kopf ist Sitz des Denkvermögens, und steht nach indischer Auffassung, auch des Buddhi, also des buddhistischen Bewusstseins, für schöpferischen Willen und das Bedürfnis, Buddhanatur zu entwickeln. Schon allein deswegen ist der spirituelle Pfad für Widder etwas äußerst Wichtiges. Die Aufgabe heißt, kosmisches Bewusstsein zu erreichen. Zugeordnet sind: das Gehirn, die Zirbeldrüse und Hypophyse, die Augen, die Nasenwurzel, partiell das Gesicht, die Ohren, der Mund und die Zähne. Teilweise auch die Gallenfunktion, die roten Blutkörperchen (Erythrozyten) partiell. Widder haben oft einen großen Kopf oder eine hohe, ausgeprägte Stirn, manchmal auch eine markante Nase. Auffällig oft haben sie Narben am Kopf, bevorzugt an Stirn oder im Augenbrauenbereich. Es ist eine Tatsache, dass sie sich Blessuren zuziehen, wenn sie wieder mal mit dem Kopf durch die Wand wollen. Typische Widdererkrankungen sind: Gallensteinkoliken, Abszesse, Blutungen, Hitzewallungen und Spasmen. Auch Kopfschmerzen, sowohl Spannungskopfschmerz als auch Migräneattacken, Sinusitis (Nasennebenhöhlenentzündung) sowie Nervosität, die der Unrast entspringt, mit begleitenden Schlafstörungen. Wer so durchs Leben eilt und Sport, auch Extremsportarten und Grenzerfahrungen liebt, hat natürlich ein höheres Verletzungsrisiko. Die Konstitution ist keineswegs so robust, wie manchmal behauptet wird. Das Problem ist, dass Widder Krankheit oder Befindlichkeitsstörungen oft nicht zulassen können oder diese elegant übergehen. Damit provoziert man aber ein Chronischwerden der Erkrankung. Bluthochdruck, zu dem Widder ebenfalls neigen, muss z.B. unbedingt beachtet und behandelt werden, um Folgegefäßschäden zu verhüten. Ganz häufig wird auch zu früh nach Erkrankungen wieder mit dem heißgeliebten Sport angefangen und damit der Rekonvaleszenz-prozess gestört. Fit sein, stark sein, unbesiegbar sein, Widder haben diesen Anspruch fast erfunden. Ohnehin neigen sie zum Verdrängen von Dingen, die nicht in ihr Bild oder Programm passen, weil nicht sein kann, was nicht sein darf. Jeder Erkran-kung aber gehen Signale der Seele, des Körpers voraus. Der Körper spricht mit uns in vielfältiger Weise. Darauf einzugehen wäre hilfreich, und zwar bevor seine Mahnungen etwas nach-drücklicher ausfallen. Analog zu den meist «drei Ereignissen», die eine Krankheit ankündigen, akut werden lassen und einen eventuellen Rückfall darstellen, ist der Planetenlauf mit seiner scheinbaren Vorwärtsbewegung, der Rückläufigkeit und dann wieder Direktläufigkeit fast ein Schulbeispiel. Der erste Über-gang eines Planeten ist das Warnsignal, der zweite Übergang durch die Rückläufigkeit oft das akute Ereignis, der dritte Über-gang der Rückfall oder die dramatische Auswirkung, falls das Verhalten nicht den Botschaften entsprechend angepasst wurde.

Widder sind widerstandsorientiert, deswegen findet man bei ihnen auch gehäuft irisdiagnostisch die viereckige Darmkrause, die ja genau für diese Haltung steht. Auch der aufgequollene Ring im oberen Areal, dem Kopffeld, ist häufig zu finden. Er steht für starke Durchsetzungsfixierung und weist auf mögli-chen späteren Bluthochdruck hin. Eine kräftige Färbung der Iris zeugt häufig bei Widdern von starker Lebenskraft. Lakunen im Areal der Sinusiden, Reizfasern und Entzündungszeichen eben-falls Pigmente, die für die Entstehung eines Herdgeschehens stehen, sind ganz häufig zu beobachten. Wobei Größe, Form und Färbung über die Ausprägung etwas mitteilen und auch zeigen, ob es ein chronisches oder akutes Geschehen ist.

Wie verhält sich der Widder nun im Krankheitsfall? Beratungs-resistent sind Widder bei aller Willensstärke mit Sicherheit nicht. Allerdings muss man tatsächlich Beratung und Erklärung zusammenbinden. Einfach etwas verordnen, ohne die Hintergründe zu erklären, das funktioniert so nicht. Für Widder ist es immer schön, wenn sie selbst etwas zur Gesundung beitragen und aktiv werden können. Das heißt: physiotherapeutische Maßnahmen suchen; Trockenbürsten, am besten morgens; bestimmte Fitnessübungen ins Training einbinden. Rolfing ist auch sehr beliebt. Widder müssen die Dinge selber anpacken. Natürlich gibt es auch die Widder, die Krankheit bewusstseinsmäßig nicht zulassen wollen und Krankheit gerne negieren. Wenn der Körper sie doch mal «im Stich lässt», Sofortmaßnahmen wünschen. Sie sind auch diejenigen, die Antibiotika favorisieren, die ruckzuck über Nacht wieder «gesund machen». Spontanheilung aber gibt es bei Widdern übrigens auch ohne solche Rosskuren. Denn Widder oder Menschen, die ein dominantes 1. Haus haben oder einen starken Mars, gerne im 1. Haus, erkranken stürmisch, plötzlich und heftig. Aus dem Nichts heraus, wie angeflogen, tritt z.B. hohes Fieber auf. Und auf wunderbare Weise gesundet der Widder auch ebenso schnell wieder. Seine Abwehrkräfte arbeiten auf Hochtouren, so wie der Widder selbst temperamentsmäßig auch sehr hochtourig läuft. Lebenskraft aber muss gehegt werden. Die Kerze an zwei Enden anzünden, das geht nicht gut. Wir bringen alle nur ein bestimmtes Quantum an Lebenskraft mit. Diese können wir in kurzer Zeit verschleudern oder etwas behutsamer behandeln und dadurch strecken.

Widder – anatomische Entsprechung der Tierkreisgrade

Einteilung nach Ebertin	
1°	Großhirn
2°	Mittelhirn
3°	Kleinhirn (Abszesse)
4°	Zirbeldrüse (Kropf)

Einteilung nach Ebertin	
5°	rechtes und linkes Auge (Haare)
6°	Augenhöhlen
7°	Ohren (Gelbsucht)
8°	Jochbein
9°	Augenlinsen
10°	Augapfel
11°	Sehnerv
12°	Zunge (Haare)
13°	Gehirnkammern
14°	Stirnlappen
15°	Seitenlappen (Selbstmord, Schlaganfälle)
16°	Varolsbrücke
17°	Rückenmarkskanal
18°	Nervenverbindungen
19°	Gehirnbalken
20°	Zungenbein
21°	Augenmuskeln (Abszesse)
22°	Backenmuskeln
23°	Kaumuskeln
24°	Jochbeinmuskeln
25°	Kopfnicker
26°	Schädelknochen
27°	vorderes Gewölbe (Schwindsucht)
28°	mittleres und hinteres Gewölbe (Haare)
29°	Gehörgang (Bronchitis)
30°	Ohrspeicheldrüse

Einteilung nach Wemyss		
Widder/Waage		
Grad	anatomische Entsprechung	pathologische Entsprechung
0°	Schädel	
1°	Schädel	
2°	Schädel	Asthma, Krämpfe
3°	Schädel	
4°	Stirn	Muskelzerrungen, Unfälle
5°	Stirn	Schnittwunden
6°	Stirn	Prellungen, Kratzwunden, Stiche
7°	Zähne	Polypen
8°	Nase	Prellungen, Verbrennungen
9°	Nase	Verbrennungen und Brandblasen
10°	Nase	Heufieber, Verbrennungen
11°	Nase	Diphtherie
12°	Nase	
13°	Augen	Lebensmittelvergiftung, Alkoholismus
14°	Augen	grauer Star
15°	Zone unter den Augen	
16°	Zone unter den Augen	
17°	Wangen, Ohren	Selbstmord, Asthma
18°	Wangen, Ohren	
19°	Blase	Blasenkrankheiten
20°	Blase	
21°	Blase	
22°	Blase	Tuberkulose

Einteilung nach Wemyss		
23°	Blase	Tuberkulose
24°	Blase	
25°	Mund	
26°	Mund	Karbunkel
27°	Kinn	Abszesse
28°	Kinn	
29°	Halsansatz	Schlaganfälle

Empfindlichkeiten und Allergiebereitschaft

Bei meiner Arbeit habe ich noch andere Beobachtungen machen können, die ich als äußerst hilfreich empfinde und gerne als Anregung weitergebe.

1° – 3° Widder
Abwehrschwäche, Infektanfälligkeit, gehäuft Sinusiden, Erkrankungen im Bereich des Zahnapparates, z.B. durch Knochentaschen und querliegende Weisheitszähne. Schleimhautempfindlichkeiten, oft trockenes Auge durch verringerten Lidschlag, erhöhte innere Alarmbereitschaft und Adrenalinausschüttungsschwankungen. Allergieneigung: Hausstaub, Milben, Kuhmilcheiweißunverträglichkeit.

3° – 5° Widder
Tendenz zu Nervosität und Schlafstörungen, besonders wenn Mars in Konjunktion steht oder im Transit über diesen Punkt geht.

5° – 7° Widder
Neigung zu Spasmen, zu Neuralgien, Trigeminusneuralgie insbesondere, Herpes zoster, bevorzugt am Kopf. Vorsicht: auch Ohrennerven eventuell betroffen.

7° – 10° Widder
Blasen-Nieren-Empfindlichkeit, Neigung zu Zystitis, auch der sogenannten Honeymoonzystitis.

13° – 15° Widder
Labiler Kreislauf, Hitzewallungen, schnelles Wechseln der Gesichtsfarbe, später Tendenz zu Bluthochdruck.

17° – 19° Widder
Tendenz zu Schilddrüsendysregulation, Hashimoto, Kuhmilcheiweißunverträglichkeit.

23° – 25° Widder
Tendenz: Schilddrüsendysregulation mit depressiven Phasen.

26° – 28° Widder
Neigung, über eigene Grenzen zu gehen und Signale zu missachten. Später als Folge Burnout-Syndrom. Autoaggressive Erkrankungen, Gallenwegserkrankungen, überdurchschnittlich häufig Operationen, insbesondere im Kiefer- und Gallenbereich.

Ernährung

Widder haben meist ein sehr gut funktionierendes Stoffwechselsystem. Schon allein ihr beschleunigtes Lebenstempo sowie Sport und Fitness sorgen dafür, dass gut verbrannt wird. Da sie archetypisch zu den Jägern und Nomaden gehören, lieben sie meist eine eiweißbetonte Ernährung. Häufig sind Widder richtige Fleischesser, bei ihnen darf es auch mal ein richtiges Steak sein. Schön wäre es, mehr weißes Muskelfleisch (Kaninchen, Huhn, Pute, Geflügel) zu essen. Salat, Gemüse und Obst sollten jedoch nicht nur Randerscheinungen darstellen, um das Säure/Basen-Gleichgewicht zu wahren. Die Logi-Kost, die überwiegend auf Kohlenhydrate verzichtet und viel Eiweiß verabreicht, fasziniert den Widder immer. Tee, grün, weiß, schwarz, ist erlaubt, Kaffee in Maßen desgleichen. Wasser allerdings muss reichlich getrunken werden, um durchzuspülen und die Reserven wieder aufzufüllen. Milchprodukte werden, außer bei den speziell angesprochenen Graden, meist gut vertragen. Allerdings vertrete ich die Auffassung, dass Milch ein Aufzuchtmittel ist und keineswegs von Erwachsenen in großen Mengen konsumiert werden sollte. Kalzium ist auch in Käse, grünen Blattsalaten und grünen Gemüsen vorhanden. Immer gut ist, auch an Ziegen- und Schafprodukte zu denken.

Dem Widder entspricht astrologisch:

Fleisch:	Lamm, Ziege, Rind, Schaf, Hammel
Fisch:	Schwertfisch, Thunfisch, Forelle
Gemüse:	Tomate, Sauerampfer, Mangold, Spinat, Spargel, Rote Bete, Pastinaken, Süßkartoffel
Obst:	Preiselbeeren, Erdbeeren, Johannisbeeren, Kirschen, rote Trauben
Gewürze:	Bockshornkleesamen, Chili, Piment, Wacholder, Kresse

Hilfreiche Elemente auf dem Weg zum Wohlbefinden

Homöopathie

Aconitum (Eisenhut)
Das Leitsymptom von Aconitum ist die Plötzlichkeit, die Heftigkeit des Krankheitsgeschehens. Das passt zum Temperament des Widders eins zu eins. Aconitum ist ein großes Akutmittel, das bei Fieber oder plötzlichen Erkrankungen gegeben wird. Aber es hat auch eine tiefe Wirkung auf das Nervensystem und ist ein Konstitutionsmittel. Leitsymptome: heftig, plötzlich, rasant. Plötzliche Erscheinungen, die ebenso schnell wieder verschwinden. Nervöse Erregungszustände, massiv nach Schreck, Schock oder Ärger. Hilft auch bei Panikattacken oder extremer Angst. Typisch: Patient sagt seine Todesstunde voraus! Auffäl-

ligkeit: ungeduldig, ständig in Bewegung, auch bei starken Schmerzen, Kopf heiß, brennendes Kopfweh. Augen heiß, trocken, lichtscheu. Nasenbluten, trockene verstopfte Nase. Koliken im Bauchraum, heiserer Husten, kurz, spastisch. Fieber, trockene und brennende Hitze. Verschlimmerung: um Mitternacht, durch Schock.

Belladonna
Ist für hitzige, widerstandsorientierte Widder ein passendes Konstitutionsmittel. Belladonna-Patienten sind auf Aktion, Handlung und Durchsetzung ausgerichtet. Eine metaphysische Ebene hat Belladonna ebenfalls, Visionen gehören ins Bild, dazu Fieberfantasien, bei denen der Patient z.b. Gesichter oder Fratzen in Tapetenmustern sieht. Belladonna hat sowohl eine sehr irdische, heftige wie auch feinstoffliche Seite. Spirituelle Fragen und Themen interessieren oft schon sehr kleine Patienten. Es ist ein großes Fiebermittel, wobei die Füße und Hände kalt sind, während sonst der ganze Körper glüht. Herrisch, dominant, mit absolutem Führungsanspruch ist Belladonna ganz widder-like, obwohl es auch eine schüchterne Seite haben kann. Verschlimmerung: Zugluft, Sonne, Berührung, glänzende Gegenstände.

Arum triphyllum (Aronstab)
Das ideale Mittel bei Schnupfen, Nasennebenhöhlenentzündungen, bei Laryngitis und Pharyngitis.

Nux vomica
Gehört zu den großen Polychresten, den Konstitutionsmitteln erster Ordnung. Nux vomica beinhaltet ganz viel vom Widdertemperament. Die Liebe zur Macht, zu kämpferischer Durchsetzung, nie zurückzuweichen, auch das Unbeherrschte, das sind Grundzüge dieses Mittels. Nux vomica kann plötzlich rasend werden, Stühle werfen und wahrhaft ausrasten. So unbeherrscht, wie die betroffenen Menschen auf Ereignisse und Widerstände reagieren, gehen sie manchmal auch mit sich selbst um. Sie treiben Raubbau an ihrem Körper, verlängern künstlich

ihr Leistungsvermögen mit Kaffeekonsum, Zigaretten, vielleicht auch Alkohol. Leitsymptome: exzessive Lebensgestaltung. Schlaf ist scheinbar entbehrlich. Wenn die Verdauung nicht so will wie man selbst, nimmt man eben Abführmittel. Der Grundtenor: Es muss doch zu packen sein! Nux vomica verleugnet Krankheiten, das ist wieder typisch Widder. Verschlimmerung: Gerüche, Geräusche, Gemütsbewegung, Milch, Menses.

Kalium bichromicum
Das erste Mittel, an das man bei Sinusitis natürlich denken sollte. Leitsymptome: schlimmer im Frühling, bei feuchter Kälte, nach Schlaf, morgens. Kopfweh über der Nasenwurzel, punktförmige Schmerzen über den Augenbrauen, chronischer Schnupfen, Nase voll und verstopft. Niesen morgens, heisere Stimme, Roheitsschmerz unter dem Brustbein.

Chamomilla
Leitsymptome: Reizbar, nervös, bissig. Ruhelos, muss ständig umhergehen. Trigeminusneuralgie. Eine Wange rot, eine Wange blass bei Zahnschmerzen. Neuralgien mit reißenden, lancierenden Schmerzen. Verschlimmerung: durch Ärger, Hitze, vor Mitternacht. Bei Kindern: beruhigen sich nur, wenn sie getragen werden.

Ferrum phosphoricum
Schnell wechselnde Gesichtsfarben, schnell rot, schnell blass, große Erkältungsbereitschaft.

Ferrum metallicum
Unruhe, unregelmäßige Blutverteilung, Kopfschmerzen.

Apis mellifica
Brennende und stechende Beschwerden, typisch Widder.

Phytotherapie

Lobelia
bei Schlafstörungen.

Passiflora
bei Ein- und Durchschlafstörungen, zur Nervenstärkung.

Verbascum (Königskerze)
bei Erkrankungen der Atemwege.

Meersalz
zum Spülen des Nasenraums.

Flor. tilieae (Lindenblüten)
als Tee bei Fieber, wirkt beruhigend und schweißtreibend.

Viscum album (Mistel, weiß)
reguliert den Bluthochdruck.

Brunnenkresse
ist eisenhaltig, erhöht die Erythrozytenrate, in Salat, als Gewürz, ist sehr wohlschmeckend.

Schüßler-Salze

Magnesium phosphoricum
bei Spasmen, Schmerzen, Neuralgien, Koliken.

Kalium phosphoricum
bei Erschöpfungszuständen als Nervensalz, zur Blutbildung, bei nervöser Erschöpfung.

Ferrum phosphoricum
blutbildend, Entzündungsmittel des ersten Stadiums, Schmerzmittel, Fiebermittel.

Kalium jodatum
ständiges Räuspern, Druckgefühl im Hals.

Bach-Blüten

Agrimony
hilft, nicht in Verdrängung zu flüchten, die Dinge anzunehmen und das Beste daraus zu machen.

Chestnut Bud
ist ideal, aus Fehlern adäquat zu lernen, also nicht immer wieder gegen die gleichen Widerstände Sturm zu laufen.

Impatiens
ist die Bach-Blüte, die hilft, abzuwarten, statt immer schon prophylaktisch in Aktion zu gehen.

Holly
reduziert Aggressionsbereitschaft und öffnet das Herz für das Schöne.

Australische Busch-Essenzen

Red Helmed Orchid
bei Problemen mit Autoritäten, Tendenz zur Hitzköpfigkeit, Rebellion und Ungeduld.

Macrocarpa
bei Burnout-Syndrom, Vitalitätsverlust durch Überforderung.

Black Eyed Susan
lindert Ungeduld, hilft, sich nach innen zu wenden und in der Mitte zu bleiben.

Mulla Mulla
die Feuerpflanze. Bei Tendenz zu fiebrigen Zuständen und Erkrankungen, die durch Feuer und Hitze entstanden sind. Heilt Traumata, auch die, die schon lange belasten.

Heilen mit Farben – auch in der Nahrung – und Edelsteinen

Rot ist die Farbe, die dem Widder zugeordnet ist. Rot nährt, belebt, baut auf, kann aber auch zu viel Power und Unruhe erzeugen.

Bei Energiedefizit ist Ernährung aus der Farbgruppe Rot hilfreich: Radieschen, Tomaten, rote Paprika, Erdbeeren, Himbeeren, Kirschen, Johannisbeeren. Bei Widderenergie-Überschuss balanciert Blau-Violett Widder aus: Auberginen, Rotkohl, Wirsing, Radicchio, blaue Weintrauben, Pflaumen. Bei Letzteren aber sollten Widder vorsichtig sein. Pflaumen können Gallenkoliken auslösen.

Der Heilstein des Widders ist die rote Koralle. Koralle stärkt das Herz und ist blutbildend, weil sie – so die Mythologie – ein göttlicher Blutspritzer ist. Hochenergetisch, wie gerade die Koralle ist, kann sie negative Energien ebenfalls verstärken. Wer in Rage ist, sollte keine Koralle tragen, um Zusammenstöße – welcher Art auch immer – zu vermeiden.

Psychotherapie, Körperarbeit, Meditation

Wenn *Meditation*, dann muss es sich um dynamische Meditation handeln. Die liebste Variante: Laufen, das klärt die Gedanken und ist fast als Laufmeditation zu bezeichnen.

Rolfing, mit dem Stichwort: wieder im Lot sein mit sich selbst. Einige nennen es auch: «Modellieren am Körper». Das spricht Widder an.

Alexander-Technik: Über das Korrigieren der Körperhaltung die seelische Haltung aufbauen, das ist die Essenz dieser Arbeit.

Hakomi = Wer bist du? (Wer bin ich?) Eine intensive Übung zur Selbstfindung. Über Spiegelung im anderen die Selbstbetrachtung üben.

Osteopathie: Die sanfte, ganzheitliche Heilmethode wirkt durch Dehnen, Geschmeidigmachen von Bändern, Faszien und Sehnen.

Posturale Integration ist eine körperorientierte Gestaltungsarbeit. Eine Kombination aus Rolfing, Bioenergetik und Psychotherapie.

Lomi, ein ganzheitlicher Weg zu Bewusstsein und persönlichem Wachstum.

Schlicht und einfach *Sport*. Widder können auf alles verzichten, fast, aber garantiert nicht auf Fitness und Sport! Klettern kann auch meditativ sein und ist in jedem Fall eine Art Grenzerfahrung.

Power-Yoga: Das ist eine Yoga-Variante, die das Temperament des Widders ausbalanciert und befeuert zugleich.

Stier

21. April – 20. Mai

Stier ist das zweite Zeichen des Tierkreises, es ist weiblich, fix, dem Erdelement zugeordnet und meist auch real gut geerdet sowie auf Erhaltung, Bewahrung und Absicherung bedacht. Das ist keine Wertung, sondern einfach Teil der Aufgabe in diesem Leben. Wobei Abgrenzung astrologisch auch noch dazugehört. Als fixes Erdzeichen braucht der Stier, um gesund zu bleiben, den Kontakt mit Erde, Pflanzen, der Natur und ihren Ressourcen. Stiere wissen gerade mit Letzterem gut umzugehen. Nicht umsonst ist der Stier überall da zu finden, wo etwas wachsen, blühen und gedeihen soll, egal ob es sich um Pflanzen, Tiere oder Geld handelt. Das spannt den Bogen vom Bauernhof bis zur Börse. Erhaltend, freundlich und sinnvoll gehen Stiere auch mit den eigenen Energien um. Stiere neigen nicht zum Verausgaben, auch nicht zum Hudeln, nicht dazu, eilig durchs Leben zu jagen und die Schönheit dieser Schöpfung zu übersehen. Bei Stieren und deren Freude an der Schöpfung muss ich immer an das wunderschöne Paul-Gerhard-Lied denken: «Geh aus mein Herz und suche Freud, in dieser schönen Sommerzeit, an Deines Gottes Gaben.» Stiere wissen, die Kraft entsteht aus der Freude, dem Genießen offenen Auges. Daraus resultiert auch das In-sich-Ruhen, das auch zur Falle werden kann, wenn aus Statik Starre wird und Stase im Körperlichen auslöst. Diese Beharrlichkeit kann tatsächlich manchmal an Sturheit grenzen. Einen Stier-Patienten kann man auch nur einladen, den Heilungsweg zu beschreiten. Über alles Mögliche lässt er übrigens mit sich verhandeln, sicher aber nicht über Ernährung und Lebensgenuss. Denn zu seiner erdigen, erhaltenden

Qualität besitzt er ja eine genussbetonte und hochmusische Seite. Stiere wissen, wie wichtig es ist, Balance im Leben zu halten. «Gut gegessen muss werden» – dieser Slogan ist typisch Stier. Auch ein gutes Gläschen zum Essen muss sein, denn schließlich betrachtet nicht jeder Stier Wein überhaupt als Alkohol. Ebenso wichtig ist die Muße, die das Essen begleitet. In Ruhe zu speisen und dies möglichst nicht in ärgerlichem, aufgeregtem Zustand, das schätzen die Stiere. Ihre Vorliebe für deftige Gerichte und exzellente Hausmannskost kann ihre Tendenz zur Eindickung der Säfte, zur Fülle im Blutkreislauf und Hypercholesterinämie verstärken. Die Sinnlichkeit der Stiere ist aber ein wahres Lebenselixier, ebenso die Hinwendung zur Musik. Wenn Stieren etwas Phlegmatisches nachgesagt wird, so ist das meiner Meinung nach nicht vollständig stimmig. Das Temperament der Stiere kann sogar ein heftiges sein: Stiere kommen nicht immer nur langsam, aber gewaltig ganz sicher. Besonders die noch im April Geborenen haben oft einen ziemlich ausgeprägten, urplötzlich aufflackernden Jähzorn. Das von Stieren (besonders den Mai-Geborenen) bevorzugte gute Leben kann natürlich auch zu einem gewissen Übergewicht führen. Allerdings gibt es bei Stieren, da stimme ich mit Alan Oken überein, die Venustypen und die Erdtypen. Die Venustypen sind durchaus grazil, die Männer eher schlank, schönheitsliebend und sehr darauf bedacht, ihren Körper in Form zu halten. Lebensgenuss ja, aber mit der Betonung der musischen Seite, der Kunst, Kultur, Musik. Die Sinnlichkeit allerdings ist auch hier ein großes Geschenk, allerdings immer alles in Maßen. Die Erdtypen sind handfester, robuster im Körperbau und «hart-näckiger», in jeder Weise. Und oft nicht sehr behutsam im Umgang mit sich selbst. Der Stier hat aber auch eine sehr spirituelle Seite. Gautama Buddha war Stier! Wer so die Natur liebt, die Schöpfung verehrt, ist logischerweise an den großen Schöpfungsplan, auch spirituell, zutiefst angebunden. Die hochspirituelle Seite der Stiere wird dadurch nochmal hervorgehoben, dass der Kehlkopfbereich, der den Stieren ja astromedizinisch zugeordnet ist, als höchster spiritueller Organbereich – durch Rudolf Steiner und alte Weisheitslehren – bezeichnet wird. Weiter heißt es, unterhalb des Nackens, ebenfalls Stierregion, befindet sich feinstofflich die Entsprechung aller sieben Zentren, die entlang der Wirbelsäule laufen. Oberhalb des Nackens gibt es weitere sieben feinstoffliche Zentren, die auf der solarkosmischen Ebene eine Verbindung zu den sieben Plejaden darstellen. Von rein der Materie verhafteten Stieren kann also keine Rede sein. Auch die Stimme wird Stier zugeordnet, deswegen erhebt er seine Stimme zum Lobe der Schöpfung.

Astromedizinische Gesichtspunkte

Astromedizinisch gehören zum Stier: der Nacken, der Kehlkopf, die Stimme, die Kehle, der Hals, der Rachen, die Mandeln und die Schilddrüse. Auch Teile des Lymphsystems und der Stoffwechsel sind dem Stier zugeordnet, ebenso der Glukosestoffwechsel des Pankreas. Kein anderes Organ hat so viel mit der Süße des Lebens zu tun wie das Pankreas. Die Selbstbewahrung, die Stiere als Lebensaufgabe mitbekommen haben, steht häufig für eine gesunde Lebenskraft und ein langes Leben. Es gibt wirklich eine Menge extrem gesunder Stiere, die mit harter Arbeit und frohen Festen sowie ihrem täglichen Viertele ein gesegnetes Alter erreichen. In meiner Praxis habe ich dieses Phänomen in 26 Jahren immer wieder erleben dürfen. Es ist hier ganz sicher nicht die Kasteiung, die übertriebene Gesundheitsprophylaxe, die offensichtlich gesunde Lebensenergie schenkt, sondern das rechte Maß. Die gesunde Mischung in allen Dingen.

Erkrankungen, zu denen Stiere neigen, sind: Bluthochdruck, erhöhte Blutfette, Diabetes mellitus, die Eindickung der Säfte. Auch eine Tendenz zu Übersäuerung des Gewebes und rheumatischen Erkrankungen! Stimmbandentzündung, Kehlkopfreizung, HWS-Syndrom, Gefäßbelastungen und deren Auswirkungen auf das Herz sowie Schilddrüsendysregulation, gerade auch Hashimoto, Stoffwechselentgleisungen.

Irisdiagnostisch sind häufig der aufgequollene Apoplektikerring als Vorzeichen eines drohenden Bluthochdrucks und dessen Folgen zu sehen. Die Morgenrotkrause (Diabetes-Tendenz), die Apfelsinenpigmente bei Pankreasbelastung. Stauungstransversalen als Zeichen gestauter Organfunktion, hier häufig zur Leber.

Wie reagiert der Stier auf Krankheit? Er ist durchaus bereit, sich auch mal zu schonen, mal kürzer zu treten, spazieren zu gehen. Dass Gesundheit und Wohlbefinden Lebensgenuss erst möglich machen, wissen realistische Stiere sehr genau. Dafür sind sie auch bereit, etwas zu investieren, etwa in Thermalkuren, einen Wellnessurlaub oder Wandern, um z.B. den Blutdruck zu senken, was auch tatsächlich funktioniert. Nach meiner Erfahrung haben Stiere einen natürlichen Bezug zu gesunden Rhythmen. Sie gehen früh ins Bett, weil sie begeisterte Frühaufsteher sind und haben eine Affinität zur Phytotherapie! Stiere sprechen außerordentlich gut auf Tees, Pflanzenextrakte oder auch alles an, was aus der Erde kommt (Fango, Lehmpackungen, Heilerde). Aber wenn es um strikte Diätmaßnahmen geht, wird es schon schwieriger. Kein Wein, keine Havanna zum Abend, keine Schweineschnitzel oder frischer Schinken? Auch Sport gehört nicht zu den Favoriten des Stiers, es sei denn Berg-Wandern oder Nordic-Walking, vielleicht auch Tanzen. Andererseits liebt er Gartenarbeit, die tatsächlich eine heilende Kraft bei Stieren hat!

Stier – anatomische Entsprechung der Tierkreisgrade

Einteilung nach Ebertin	
0°	Kehle
1°	Gaumen
2°	Rachenmündung
3°	Zäpfchen
4°	Rachenkehlkopfraum

Einteilung nach Ebertin	
5°	Kehlkopf
6°	Stimmbänder
7°	Halsnerven
8°	Drosselvenen
9°	Halsvenen, (Alkoholismus)
10°	Halsvenen in Verbindung mit dem Rückenmark (Neurasthenie)
11°	Halsvenen in Verbindung mit dem Rückenmark
12°	Halsvenen in Verbindung mit dem Rückenmark
13°	Halsvenen in Verbindung mit dem Rückenmark
14°	wahre Stimmbänder
15°	Kehldeckel
16°	Halsschlagader (Abszesse)
17°	Schilddrüse und Mandeln
18°	Lymphgefäße (Blinddarm, Haare)
19°	Kieferarterien
20°	Hinterhauptbein (Kropf)
21°	Nasenhöhlenarterie
22°	Zungenmuskel
23°	Zähne (Rheumatismus)
24°	Oberkiefer
25°	Unterkiefer (Alkoholismus, Mandeln, Polypen)
26°	Nasenbein
27°	erster Halswirbel
28°	dreieckiger Muskel und Haupthalsmuskel
29°	dreieckiger Muskel und Haupthalsmuskel (Gesichtssinn)
30°	Kappenmuskel

Einteilung nach Wemyss		
Stier/Skorpion		
Grad	anatomische Entsprechung	pathologische Entsprechung
0°	Ende des Halses	
1°	Ende des Halses	
2°	Ende des Halses	
3°	Ende des Halses	Epilepsie
4°	Tastgefühl	
5°	Tastgefühl	
6°	Tastgefühl	
7°	Tastgefühl	Polypen
8°	Augapfel	
9°	Schleimhäute, Augen	Katarrhe und Entzündungen
10°	Schleimhäute, Augen	
11°	Schleimhäute, Augen	Asthma
12°	Adamsapfel	Sydenham-Chorea, Krämpfe
13°	Adamsapfel	
14°	Blutkreislauf	Geschwülste
15°	unterer Bereich des Halses	Diphtherie
16°	Schulter	Farbenblindheit, Krämpfe
17°	Schulter	Blinddarmentzündung
18°	Schulter	Tumore
19°	Schulter	
20°	Bronchialäste	Bronchitis
21°	Bronchialäste	regelwidrige Geburten
22°	Bronchialäste	Quetschungen

Einteilung nach Wemyss		
23°	Bronchialäste	
24°	Bronchialäste	Dislokationen
25°	Schlüsselbein	Brüche
26°	Schlüsselbein	
27°	Schlüsselbein	
28°	Schlüsselbein	rheumatisches Fieber
29°	Ende der Schulter	
30°	Armansatz	

Empfindlichkeiten und Allergiebereitschaft

2° – 7° Stier
Weizenunverträglichkeit, in Verbindung mit Uranus oder Jupiter, wahrscheinlich auch andere Getreideunverträglichkeiten. Konjunktion Mars, begleitet von entzündlichen Reaktionen der Schleimhäute. Gehäuftes Auftreten von Sarkomen.

7° – 9° Stier
Tendenz zu Polypen, Mandelvergrößerung, Verhärtung des Gewebes, Kuhmilcheiweißunverträglichkeit.

13° – 16° Stier
Empfindlichkeit der Ovarien bei Frauen, der Prostata bei Männern.

20° – 23° Stier
Infektanfälligkeit im Hals-Rachenraum und Bronchialtrakt.

23° – 27° Stier
Tendenz zu Säureüberproduktion, Speiseröhrenempfindlichkeit, Refluxerkrankungen. Bluthochdrucktendenz, Kongestionen, Eindickung der Säfte, Tendenz zu depressiver Verstimmung.

26° – 28° Stier
Bluthochdruck, Eindickung der Säfte, Gefäßanspannung, Stenocardie, Rückenempfindlichkeit, rheumatische Erkrankungen.

Ernährung

Stiere lieben es genüsslich. Fleisch, ohne Weiteres auch Schweinefleisch, mit Soßen serviert plus Knödel oder Kartoffeln, das ganze Programm. Kasteiung bekommt Stieren definitiv nicht, wohl aber die Trennkost, die auch das Pankreas schont, weil nicht so viel Fermente gleichzeitig sezerniert werden müssen. Gegen eine puristische Küche ist nichts einzuwenden. Die Qualität der Speisen, z.B. frische Zutaten, ist entscheidend und Pflicht bei Stieren. Öfter Fisch, nicht ausschließlich Fleisch, wäre schön. Auch mal einfache Gerichte, nur Pasta z.B. (auch aus Dinkel) mit frisch zubereiteter Tomaten-Basilikum-Soße, frisch geriebenem Parmesan, ist eine Delikatesse. Wichtig ist das Würzen, denn Gewürze sind auch Heilmittel! Senf, Kümmel, Lorbeer und Kerbel stärken die Verdauungsfunktion. Wenn Brot, dann Schwarzbrot oder bei Glutenunverträglichkeit Hirse-, Buchweizen-, Maisbrot. Chinesisches Pfannengaren ist ideal, die Nährstoffe zu erhalten. Gegartes Gemüse ist bekömmlicher und kann vom Organismus besser verwertet werden. Weißer Zucker sollte fast homöopathisch dosiert werden. Rohrzucker, Ursüße, ist auch köstlich. Statt Bier und Wein ist auch mal Apfelwein zu empfehlen, dieser hat sogar eine entgiftende Wirkung. Bei Mineralwasser muss auf natriumarmes Wasser geachtet werden. Um der Gefäßbelastung und Säfteeindickung entgegenzuwirken, ist Wasser unverzichtbar!

Dem Stier entspricht astrologisch:
Fleisch: Kalb, Huhn, Wildschwein, Kaninchen, Fasan
Fisch: vor allem Süßwasserfische und Schalentiere,
             Jakobsmuscheln

Gemüse: Brechbohnen, Erbsen, Karotten, Lauch, Mairüb-
           chen, Fenchel, Avocado, Brokkoli
Obst: Aprikose, Pfirsich, Süßkirsche, Pflaume, Mirabelle
Salat: Gurke, Rucola, Sauerampfer, Blattsalat

Hilfreiche Elemente auf dem Weg zum Wohlbefinden

Homöopathie

Aurum metallicum

Leitsymptome: für vollblütige, kraftvolle Menschen mit starkem Willen, ruhelos, besorgt um die Zukunft. Aurum hat eine ausgeprägt metaphysische Ebene. Schwere Melancholie, die durch Musik gebessert wird, kann phasenweise auftreten. Auch großes Verlangen nach körperlicher Aktivität. Fettige Herzdegeneration, roter Bluthochdruck, Blutandrang zum Kopf. Verschlimmerung: im Winter, abends, auch die Depressionen, in kalter Luft, bei Kaltwerden. Besserung: morgens und durch Musik. Typisches Symptom: verzweifelt am Leben, kündigt Suizid an, wenn er keine Hilfe bekommt.

Sulfur

Passt zu Patienten mit venöser Kongestition, Fülle im Pfortadersystem, Hypertonie, Hypertension. Hitze an Scheitel und Fußsohlen, vollblütig, tagsüber kalte Füße. Hitzewallungen während des Tages. Hungergefühl gegen 10:00 – 11:30 Uhr. Verlangen nach deftiger und süßer Nahrung. Sulfur stärkt die Regenera-tionskräfte. Verschlimmerung: in Ruhe, beim Stehen.

Kalium carbonicum

Für die etwas statischeren Stiere mit Neigung zu Gewichtszunahme. Korrekte, zweckbetonte Menschen, die ihre wahren Gefühle und Sorgen nicht zeigen. Kritisiert und schreit bei Kleinigkeiten. Dogmatisch! Schwellungen um die Augen, Wassersucht, Rückenbeschwerden, Nasenbluten. Verschlimmerung: nach Mitternacht, gegen 3:00 Uhr, in Kälte und Zugluft.

Natrium carbonicum
Das Mittel, das besonders stark auf Musik reagiert. Melancholie, Besorgnis, traurige Gedanken. Eifrige, zuverlässige Menschen, die in einen Schwächezustand hineingeraten sind. Verschlimmerung: durch die falsche Musik, Gewitter, frühmorgens.

Mangan acetic D6
bei Diabetestendenz.

Chrom D6
bei Diabetestendenz. Beide Mittel in Kombination oder alternierend.

Graphites
stoffwechselanregend, bei Verdauungsträgheit und Schilddrüsendysregulation.

Antimonium crudum
bei Rheumatismus, Besorgtheit um Schicksal und Existenz, Verdauungsstörung von Magenüberladung.

Aluminia
Abnormer Appetit, auch auf Schwerverdauliches; die unteren Extremitäten sind schwer. Traurige Gedanken drängen sich ständig auf, Gedächtnisschwäche.

Lachesis
bei Hypertonie, Blutfülle, Hitzewallungen und Angst vor Mangel, nachtragend und eifersüchtig.

Aesculus
bei Gefäßbelastung, Venenmittel, bei Pfortaderstauung und Hämorrhoiden.

Phytotherapie

Zimt
auch als Fertigpräparat, hilfreich bei Diabetes-mellitus-Tendenz.

Magnesium
um die Gefäße elastisch zu halten und die Speicher regelmäßig
aufzufüllen.

Ginkgo
zur Versorgung der kleinsten Kapillaren.

Melisse
bei nervösen Herzbeschwerden.

Salbei
wohltuend für Hals und Rachen.

Artischocke
zur Gallen-Pankreasunterstützung.

Emser Salz
bei Heiserkeit.

Isländisch Moos
bei Hals-Rachenreizung.

Stiere sprechen besonders gut auf Lehmwickel, Fangotherapie,
Thermalwasserbehandlungen und die Stone-Behandlung in
Kombination mit der ayurvedischen Kristalltherapie an.

Schüßler-Salze

Natrium chloratum
gleicht den Flüssigkeitshaushalt aus.

Natrium phosphoricum
stimuliert den Stoffwechsel.

Natrium sulfuricum
entgiftet, entstaut, das Drainagemittel par excellence.

Kalium sulfuricum
regt die Leberfunktion an.

Bach-Blüten

Beech
fördert Toleranz, macht weicher, sich und anderen gegenüber.

Honeysuckle
hilft, sich von zu starrer Tradition und Familienaufträgen zu befreien und dem Neuen zu öffnen.

Vine
für Stiere, die ihre Dominanz ein bisschen zügeln wollen.

Walnut
hilft, sich Neuanfängen vertrauensvoll zu öffnen.

Australische Busch-Essenzen

Blue bell
für Menschen, die sich emotional eher bedeckt halten. Öffnet das Herz wieder für die Lust und Liebe.

Sunshine Wattle
schenkt Optimismus, hilft, wenn zu starre Muster aus der Vergangenheit beengen.

Sturt Desert Pea
fördert das Loslassen und das Sich-neu-Ausrichten.

Wild Potato
wenn man sich schwer und bedrückt fühlt.

Heilen mit Farben – auch in der Nahrung – und Edelsteinen

Die Farbe des Stieres ist Blau. Blau ist die Farbe Krishnas, die Farbe des Himmels und die des Kehlkopfzentrums. Lord Krishna hatte übrigens, wie auch die Stiere, einen besonderen Zugang zur Musik. Mit seinem Flötenspiel brachte er die Herzen der Menschen in eine höhere Schwingung. Aber auch Erdfarben wie Terrakotta und Erdbraun stimmen. Beruhigend und stabilisierend wirkt Blau, besonders Kobaltblau. Aufhellend bei Stieren wirkt zartes Korallenrot, zumal Rosa auch einen wohltuenden Einfluss auf den Kehlkopf und die Stimmbänder hat.

Blaue ausbalancierende Ernährung: Blaubeeren, Blaukraut und blaue Bohnen beruhigen. Energetisierende Nahrung: gelb, z.B. Bananen, Mais, Kürbis, gelbe Erbsen, Marillen.

Der Edelstein der Stiere ist der Lapislazuli, der Stein, der Frieden schenkt, der Treue und Zusammengehörigkeit in der Ehe stärkt. Er wirkt intensiv auf Kehl- und Stirnchakren. Aber auch der Carneol, ein wie der Lapislazuli aus der Pharaonengeschichte bekannter Stein, gehört zum Stier. Er steht für Erneuerung und Treue. Stier hat mit Ägypten sehr viel zu tun. Man denke nur an den Apisstier und die mit Kuhhörnern dargestellte Göttin Nut.

Psychotherapie, Körperarbeit, Meditation

Organtherapie: Diese Körpertherapie ist richtig besehen eine Psychotherapie, die am Körper ansetzt und es ermöglicht, den Körperpanzer aufzubrechen und damit wieder in den Fluss des Lebens und der Gefühle einzutreten.

Eutonie wird auch als Abenteuerreise durch den Körper bezeichnet. Der Sinn: innere Prozesse, auch auf der Körperebene, besser wahrzunehmen.

Feldenkrais-Methode, eine schöne Methode, den Bewegungsspielraum des Körpers zu verbessern, zu erweitern. Der Körper wird spielerisch erkundet, dabei aber mit viel Respekt und allen Sinnen wahrgenommen.

Akupunkt-Massage: Willy Penzel entwickelte diese Therapie, die durch das Ausstreichen der Meridiane Fülle und Leere ausgleicht.

Shiatsu gleicht ebenfalls Ungleichgewicht im Körperlichen und Seelischen aus.

Singen von heiligen Klängen, hinduistische Sutren und Mantren: für Stiere die ideale Meditation.

Auch das *Singen im Chor,* geistliche oder klassische Musik, auch Volkslieder, hellt die Seele auf und ist eine Stier-Meditation!

Eine dynamische Meditation: *Die 5 Tibeter.* Die Elemente-Meditation über das Element Erde ist stier-like.

Ein *Waldspaziergang* hat für Stiere fast etwas Sakrales und beinahe Meditatives. Er bringt sie zutiefst in Harmonie mit sich selbst und dem göttlichen Ursprung. Stiere haben einen besonderen Bezug zu Naturreligionen!

Gartenarbeit hat für Stiere etwas Meditatives; sie ist eine Form der Selbstversenkung, die vollständig zur Ruhe bringt.

Erdende Meditation: Das sich bewusste Verbinden mit der Erde, Visualisieren von Landschaften, die auftauchen und vorüberziehen, als Einstieg, um den Geist erst einmal zu beruhigen und dann eventuell später in eine tiefere Meditation einzutauchen.

Zwillinge
21. Mai – 21. Juni

Zwillinge ist das dritte Tierkreiszeichen im astrologischen Reigen, luftig, leicht, dem Luftelement zugeordnet. Und Zwillinge ist ein bewegliches Zeichen. So beweglich wie die Luft ist der Zwilling ebenso schnell, flüchtig, wach, lebendig und vor allem vielseitig interessiert. Zwillinge erfahren sich durch die Kommunikation und den Intellekt. Wer so ruhelos ständig auf der Suche nach neuen Lebensinhalten, Faszinationen und spannenden Erkenntnissen ist, ist folgerichtig auch eher mit einem etwas nervösen, sprunghaften Temperament ausgestattet. Zwillinge sind zu Hause in der Welt des Denkens, nicht so sehr in der des Gefühls und emotionalen Erlebens. Probleme, auch gesundheitlicher Art, lösen sie bevorzugt über rationale Betrachtungen und dadurch, dass sie innerlich auf Distanz zu beunruhigenden Erscheinungen – auch Symptomen – gehen. Das ist ein Schutz, den sich Zwillinge in ihrer gar nicht immer so schönen, luftig-lockeren Kindheit zugelegt haben. Zwillinge sind nicht unspirituell. Sie bringen die Kraft mit, Gegensätze und Dualität zu akzeptieren und zu thematisieren. Sie verfügen über das Unterscheidungsvermögen zwischen Gut und Böse, Falsch und Richtig. Die zwei Säulen, die eigentlich das Zwillinge-Tierkreissymbol darstellen, sind die Säulen des – spirituellen – Bewusstseins, durch die die Zwillinge in diesem Leben in einen anderen Bewusstseinszustand eintreten. Zu den Zwillingen gehören die Stimmbänder und das gesprochene Wort. Die kosmische Aufforderung heißt, ausschließlich Gutes auszusprechen, weil ein Wort extrem viel bewegt. Zwillinge ist ein Doppelzeichen, das tatsächlich manchmal mit zwei Seelen in seiner Brust ausgestattet ist; diese beiden Anteile treten dann in Stresssituationen in Diskussion zueinander. Die Fähigkeit, sich zu distanzieren, befähigt aber auch dazu, sich von Krankheitssymptomen zu entfernen und auch da speziell in die Rolle des Beobachters zu gehen. Das machen Zwillinge übrigens auch gerne bei der Behandlung mit homöopathischen Mitteln. Sie beobachten ihre Reaktionen, als wenn es einen anderen Menschen beträfe. Zwillinge brauchen, um sich gut zu fühlen, den Kontakt zu anderen. Die Schnelligkeit, mit der sie ihre Lebensprozesse gestalten, beschwingt, die Vielseitigkeit beflügelt. Nur ein Feld zu bedienen, wird Zwillinge nicht zufriedenstellen. Wer seiner Flexibilität permanent so viel abverlangt, so viel in sein Leben, oft in einen Tag hineinpresst, kann nervlich und körperlich logischerweise erschöpfen. Da Zwillinge sehr auf Zukunft ausgerichtet sind, vermeiden sie Festlegungen. Das gilt auch bei der Wahl ihrer Therapien.

Astromedizinische Gesichtspunkte

Astromedizinisch gehört zum Zeichen Zwillinge: das Bronchial-Lungensystem, die Atemfunktion, der Austausch von Sauerstoff und Kohlendioxid, die Stimmbänder sowie Arme und Hände. Krankheitsanfällig sind Zwillinge dementsprechend für Bronchitis, Rippenfell- und Lungenentzündung sowie Asthma, auch mit einer allergischen Komponente, für Heiserkeit, die aus dem Bronchialtrakt herrührt, und für Infektionskrankheiten, speziell im Bronchialtrakt. Alle Veränderungen der Lunge, wie das Emphysem, die Lungenfibrose, Pneumothorax, Morbus Boeck, Lungenabszesse, auch Tumoren oder Sarkoidose sind natürlich in Bezug zum Zwillinge-Zeichen zu sehen, aber nur im Sinne der astrologischen Zuordnung zu betrachten. Ich hatte allerdings vor vielen Jahren eine Patientin, die ein Stellium von Steinbock-Planeten im 3. Haus aufwies und unter einer Sarkoidose mit starkem Lungenbefall litt. Die Verbindung von saturnischer Starre und Zwillinge-Haus stellt schon eine Auffälligkeit dar! Auch so quirlige Menschen wie die Zwillinge können Depressionen bekommen. Besonders die bipolaren Formen entsprechen diesem Temperament. Eine von mir beobachtete Affinität für Depressionen besteht bei Aszendent Zwillinge mit Pluto am IC oder Aszendent Zwillinge mit einer Betonung des 8. Hauses. Das prädestiniert offensichtlich deutlich stärker zu Depressionen. Meiner Erfahrung nach hilft bei Zwillingen dann keine intensive Selbstbetrachtung und Analyse, keine Hinwendung zur Krankheit, sondern eher das Eröffnen eines neues Feldes, manchmal schlicht und einfach die Ablenkung.

Irisdiagnostisch sind häufig Schwächelakunen im Lungensektor, helle Reizfasern im Bronchialtrakt und der Neurasthenikerring zu finden. Ebenso eine Aufhellung des Kopffeldes, die häufig für eine mentale Überreizung steht. Auch die Neurolappen, Hinweis auf mögliche psychische Erkrankungen oder Tendenz zu somatischer Auswirkung nervöser Überlastung sind häufiger vorhanden.

Wie verhält sich der Zwilling nun im Krankheitsfall? Zwillinge sind bekanntlich neugierig und für jede Therapie offen, es sei denn, ihr rationales Denken stellt sich quer. Zwillinge müssen verstehen, wie etwas funktioniert. In der Praxis erlebe ich Zwillinge als sehr experimentierfreudig. Allerdings: Geistheilung auf den Philippinen oder Voodoo in Brasilien, da zeigt sich echte Skepsis. Oft wird ohnehin die Schulmedizin favorisiert. Aber gerade für Homöopathie sind Zwillinge sehr offen und fragen gerne typischerweise nach entsprechender Literatur. Sich ganz und gar einer Therapieform zu verschreiben, ist allerdings nicht ihre Vorliebe. Wenn empirische Daten vorliegen, beruhigt das den Zwilling immer sehr. Im Krankheitsfall, den Zwillinge nicht gerne akzeptieren, hindert er doch daran, eilig durchs Leben zu rauschen, verlegen sie sich häufig aufs Verdrängen und Verhandeln. Erst mal verleugnen, vielleicht vergeht das Brennen im Bronchialtrakt, der Husten, von ganz allein. Dann kommt das Verhandeln. Wenn ich zwei Tage die Arznei nehme und mich schone, kann ich dann nicht wieder sofort ins Werbestudio oder in die Redaktion zurück? Kein Problem ist es, die Ernährung umzustellen, denn so wichtig sind Zwillingen Essen und Trinken als Lustbefriedigung eher nicht. Bei Einschränkungen des Aktionsradius, auch bei Sport und Fitness, sieht es schon wieder etwas schwieriger aus. Zwillinge wollen on tour sein.

Zwillinge – anatomische Entsprechung der Tierkreisgrade

Einteilung nach Ebertin	
1°	Luftröhre
2°	Speiseröhre
3°	oberer rechter Lungenlappen (Blinddarm)
4°	unterer rechter Lungenlappen
5°	oberer linker Lungenlappen
6°	unterer linker Lungenlappen (Angstzustände, Lungenentzündung)
7°	Lungenspitze (Herz)
8°	Bronchien (Gesichtssinn)
9°	Lungenarterie (rheumatisches Fieber)
10°	Lungenbasis (typhöses Fieber)
11°	Thymusdrüse
12°	Membran der Luftröhre
13°	Lungenvenen (rheumatisches Fieber)
14°	Schlüsselbeine
15°	Schulterblätter

Einteilung nach Ebertin	
16°	Rippenfell
17°	Erste Rippe (Bright'sche Krankheit, Nieren)
18°	Zweite Rippe (Asthma)
19°	Kehlkopfmuskel (Asthma)
20°	Dritte Rippe
21°	Armmuskel (typhöses Fieber)
22°	Oberarme (Blinddarmentzündung)
23°	Rollen der Oberarme (Rückgrat)
24°	Ellenbogenröhren
25°	Armspeichen (Neurasthenie, Gicht)
26°	Handwurzelknochen
27°	Fingerglieder
28°	Mittelhandknochen (Schwindsucht)
29°	Vierte Rippe
30°	Fünfte Rippe

Einteilung nach Wemyss		
Zwillinge/Schütze		
Grad	anatomische Entsprechung	pathologische Entsprechung
0°		
1°		
2°	oberer Bereich der Lungen	
3°	Sehnerv	Augenfehler, Farbenblindheit
4°	Augen	Blindheit
5°	Augen	

Einteilung nach Wemyss		
6°	Augen	
7°	Augen	Polypen
8°	Ellenbogen	Meningitis, Tuberkulose
9°	Ellenbogen	Taubheit
10°	Ellenbogen	
11°	Ellenbogen	Insektenstiche
12°	Ellenbogen	Unfälle auf Reisen
13°	Ellenbogen	
14°	Ellenbogen	Reisekrankheit
15°	Ellenbogen	Diphtherie
16°	Atemsystem	Atemstörungen
17°	Atemsystem	
18°	Atemsystem	Mutismus, Brandblasen, Verbrennungen
19°	Sprachvermögen	Brandblasen und Verbrennungen
20°	Handgelenke	
21°	Handgelenke	
22°	Handgelenke	
23°	unterer Bereich der Lungen	
24°	unterer Bereich der Lungen	
25°	unterer Bereich der Lungen	
26°	unterer Bereich der Lungen	
27°	unterer Bereich der Lungen	
28°	unterer Bereich der Lungen	Keuchhusten
29°	Finger	
30°	Finger	

Empfindlichkeiten und Allergiebereitschaft

2° – 4° Zwillinge
Neigung zur Verausgabung, körperlich, seelisch, auch beim Sport. Empfindlichkeit des Atemtraktes, auch über Allergien. Quinke-Ödem z.b. durch Aspirin, Teein. Röststoffunverträglichkeit.

5° – 8° Zwillinge
Schilddrüsendysregulation, Übersteuerung.

9° – 11° Zwillinge
Abwehrschwäche, verstärkt Infektanfälligkeit, auch im Bereich von Nieren und Blase. Sextanerblase!

14° – 18° Zwillinge
Tendenz zu Unverträglichkeiten, besonders bei Koffein, Teein, Röststoffen, Natriumglutamat. Peristaltik- und Motilitätsstörungen im Dünndarm bis hin zum Subileus oder Ileus, Morbus Crohn, bei begleitender Kuhmilcheiweißunverträglichkeit.

18° – 19° Zwillinge
Nervöse Erschöpfungszustände, Schlafstörungen über Hyperaktivität.

20° – 23° Zwillinge
Depressive Neigung, aggressive und autoaggressive Tendenzen, Asthmaneigung als Konfliktreaktion, Bronchialentzündungen, Gelenkbeschwerden in Extremitäten. Unverträglichkeit von Koffein, Teein, Konservierungsstoffen.

25° – 29° Zwillinge
Unruhe, Schlafstörungen, Phasen von Depressionen. Schilddrüsendysregulation, die Herzrhythmusstörungen auslösen können.

Ernährung

Zwillinge essen gerne mal so im Vorbeigehen, auch Fingerfood oder Fastfood. Hauptsache, es hält nicht auf und erfordert keine zeitraubende, hoch komplizierte Vorbereitung. Leicht soll Ernährung sein. Zwillinge wollen sich nicht beschweren, auch nicht mit etwas, das schwer im Magen liegt und die geistige Beweglichkeit beeinträchtigt. Ein voller Bauch studiert nicht gern, der Slogan hält Zwillinge schlank und rank. Denn Zwillinge sind meist schlank und eher zartgliedrig oder drahtig. Viele kleine Mahlzeiten tun Zwillingen gut. Fisch, Sushi, kleine Salate, auch Obstsalate oder die asiatische Küche, all das mögen Zwillinge.

Zwillingen entspricht astrologisch:

Fleisch: Fasan, Hirsch, Reh, Rebhuhn, Wachtel
Fisch: Seezunge, Seeteufel, Lachs, Crevetten, Pulpo
Gemüse: Kohlrabi, Rettich, Radieschen, Spinat, Blattsalat, Römischer Salat
Obst: Ananas, Mango, Papaya, Melone, Kirschen, Birne
Gewürze: sollten nicht zu scharf sein. Nelken, Muskat, Sternanis, Basilikum, Anis, Bärlapp, Ingwer, Kreuzkümmel.

Hilfreiche Elemente auf dem Weg zum Wohlbefinden

Homöopathie

Mercurius

Kein homöopathisches Mittel umfasst die Essenz der Zwillinge so intensiv wie Mercurius. Liest man das Arzneimittelbild von Mercurius, meint man fast, eine Charakterisierung des Zeichens Zwillinge vor sich zu haben. Quecksilbrig, das ist das Leitsymptom, ruhelos, quirlig, neugierig, flexibel, facettenreich, ständig in Angst, etwas zu versäumen, immer eilig, antizipierend. Schnelllebig, mit der Neutralität des Götterboten Merkur ausgestattet, ebenso wie er der Überbringer von Nachrichten, ebenso wie er clever, charmant, listenreich, gewitzt, eloquent. Auf der mentalen Ebene hat Mercurius etwas Zerrissenes und liegt oft in Widerstreit mit sich selbst und seinen inneren Antrieben. Eine tiefe Beziehung als geheime Wunschvorstellung ist vorhanden, aber Einlassen, echte Gefühle zeigen, das macht Angst. Mercurius ist immer auf dem Sprung, auch emotional. Organbezug: wirkt auf den rechten Lungenunterlappen. Bei Stichen im Rücken. Rippenfellentzündung, Husten, schlimmer nachts. Gehetztes Sprechen, schlaflos bei nervöser Erregung. Verschlimmerung: nachts, bei feuchtem Wetter.

Ignatia
Die Widersprüchlichkeit der Symptome ist das Leitsymptom schlechthin. Ignatia ist kraftvoll, schillernd und schnellen Stimmungswechseln ausgesetzt. Weinen und Seufzen wechseln mit Euphorie. Ignatia ist überwiegend ein Frauenmittel, das männliche Pendant ist eigentlich Nux vomica. Allerdings scheue ich mich nicht, Ignatia auch Männern zu verordnen, denn es gibt keine Regel ohne Ausnahme. Ignatia ist nervös, empfindlich, leicht erregbar, von rascher Auffassung, schnellem Denken. Nach Traumata und frühkindlichen Verletzungen ist Ignatia hilfreich. Bei Liebeskummer als Palliativmittel, aber auch, wenn es mehr um gekränkte Eitelkeit geht als um tiefen Schmerz, um den Verlust. Kopfschmerzen, als würde ein Nagel in den Kopf getrieben. Böse Folgen von Stress und Ärger. Physischer und psychischer Erschöpfungszustand. Paradoxe Symptome. Verschlechterung: durch Tabak, Alkohol, Gerüche, Gemütsbewegung. Auffälligkeit: gehäuft nötig, wenn eine narzisstisch gekränkte Mutter ihre Kränkung unbewusst auf die Tochter überträgt! Und diese dann in ihrer Weiblichkeit verunsichert ist.

Anacardium orientale
Die berühmten zwei Seelen in einer Brust, hier finden wir sie. Gefühle, als wären zwei Willen vorhanden, die in unterschied-

liche Richtungen ziehen. Phasenweise mangelndes Vertrauen in sich, in andere, in die Welt. Paradoxe Reaktionen, lacht bei ernsten Angelegenheiten. Wird wie durch ein Kitzeln unter dem Brustbein zwanghaft in ungeeigneten Augenblicken zum Lachen gezwungen. Neigt zu Erstickungsgefühlen beim Essen und beim Trinken. Isst hastig. Plötzlicher Gedächtnisverlust. Verschlimmerung: geistige Überanstrengung, Zorn, Ärger, Schreck, Kälte.

Acidum phosphoricum
Kräftige Konstitution, die durch Säfteverlust geschwächt wird oder durch eine lange Zeit von Gemütsbewegung, Gram, Kummer, enttäuschter Zuneigung oder Abweisungen. Nervöse Schwäche, Patient zittert. Versagensangst, Entscheidungsangst aus der Schwäche heraus. Erwartungsspannung mit Durchfällen. Furcht vor Schwäche und Krankheit. Verschlimmerung: durch psychische Traumata, mentale Verausgabung, Arbeitswut.

Argentum nitricum
Große Schwäche durch Überforderung, nervös, starker Ehrgeiz, intellektuell hoch entwickelt. Erwartungsangst, muss ständig auf die Toilette, bevor er/sie in die Oper, in die Kirche oder zu einer Prüfung geht. Erträgt keine Enge, keine Einschränkung.

Tarantula Hispania
Das eilige Mittel, unaufhörliche Ruhelosigkeit, immer auf dem Sprung, wirft sich nachts im Bett herum, angespannt, geistig ständig hochtourig agierend. Verschlimmerung: Ruhe, Schlaf, Geräusche.

Agaricus phaleaides
Das Mittel bei nervösem Muskelzittern, Lidzittern, Nystagmus. Gefühl, wie von Eisennadeln gestochen, Brennen und Jucken abwechselnd. Angst vor Krankheiten, vor Krebs, vor Ansteckungen. Patient spricht ununterbrochen, beantwortet keine Fragen wirklich. Häufiges Zittern, häufiges Aufschrecken. Muskelkrämpfe, hören im Schlaf auf. Verschlimmerung: nach Mahlzeiten, in kalter Luft, vor Gewitter.

Jodum
Angst und Unruhe, besonders wenn ausgehungert. Trotz Essen, Abmagerung, Hypertrophie der Schilddrüse. Unruhig, zappelig, kann nicht still sitzen. Beschleunigter Grundumsatz.

Coffea
Das Mittel bei Schlaflosigkeit, nach intensiver abendlicher, anregender Unterhaltung, durch stimulierende Beschäftigungen. Ideenfluss, der ruhelos und schlaflos macht. Hört jedes Geräusch im Bett.

Drosera
bei Atembeschwerden, Husten, Keuchhusten.

Rumex
bei Kitzelhusten, schlimmer durch Reden.

Ipecacuanha
Keuchhusten, mit pfeifendem Ton und Würgen.

Valeriana D6
bei nervöser Erregung.

Borax
Nervosität, schlaflos wegen Empfindlichkeit der Sinne.

Phytotherapie

Huflattichblätter
bei Bronchitis.

Primula
bei Bronchitis, Verschleimung.

Johanniskraut
Depressionen, zur Stimmungsaufhellung.

Melissenblätter
bei nervöser Erregbarkeit.

Arnikablätter
sind ein großes Nervinum.

Hopfen
beruhigt, gleicht aus, sorgt für guten Schlaf.

Schüßler-Salze

Calcium phosphoricum
nervennährend, aufmunternd, erfrischend, klärt Geist und Gedanken.

Kalium chloratum
bei Katarrhen, Bronchitiden, Erkältungen, entlastet die Seele.

Magnesium phosphoricum
spannungsmildernd, entkrampfend, entstressend.

Arsenum jodatum
bei Gereiztheit, entzündeten Schleimhäuten.

Bach-Blüten

Cerato
bei unbewusstem Zwiespalt, der Unschlüssigkeit auslöst. Bei Unsicherheit in Entscheidungsprozessen.

Cherry-Plum
bewahrt vor Kurzschlusshandlungen, wenn man meint, unter Druck zu stehen. Bei Aufgewühltsein.

Elm
bei Selbstzweifeln, obwohl man eigentlich bisher jede Verantwortung gemeistert hat. Hilft, aus Erfahrungen zu lernen.

Impatiens
Das ideale Mittel, wenn Zwillinge wieder mal auf allen Hochzeiten gleichzeitig tanzen wollen. Gleicht nervöse Unruhe aus.

Australische Busch-Essenzen

Banksia Robur
bei Gefühl von Ausgebranntsein, obwohl das Leben sonst sehr dynamisch gestaltet wird.

Jacaranda
bei zerstreutem, wechselhaftem, schwankendem Verhalten. Bei Ziellosigkeit.

Peach Flowered Tea Tree
bei Stimmungsschwankungen, mangelndem Zutrauen in sich selbst. Hilft, den roten Faden zu behalten.

Red Lily
bei Gefühlen von Zerrissenheit, Sinnlosigkeit. Fördert die Erdung.

Heilen mit Farben – auch in der Nahrung – und Edelsteinen

Die Farbe der Zwillinge ist Gelb, eigentlich Postgelb. Die Lieblingsfarbe ist meiner Erfahrung nach aber Grün, vielleicht weil sie die Erdung stärkt. Die Konzentration verbessert tatsächlich Smaragdgrün. Inspirationen bekommen Zwillinge durch Orange.

Ernährung, aufheiternd, aktivierend: orangefarbene Produkte, z.B. Paprika, Chili, Kurkuma, Safran. Grün ist die Farbe der inneren Mitte. Dazu gehören: alle Salate, grüne Erbsen, Schoten, Artischocken, Fenchel, Gurke, Äpfel, Quitten, Limonen.

Die Edelsteine der Zwillinge sind der Chalcedon (nach Hildegard von Bingen) und der grüne Beryl oder Moosachat (astrologisch). Letzterer soll helfen, die wahren Freunde zu erkennen. Zudem stärkt er die Lebenskraft, weil er Ruhe und Entspannung schenkt.

Psychotherapie, Körperarbeit, Meditation

Lachmeditation nach Osho, *Tanzmeditation* nach Osho: Das entspricht dem Zwillinge-Geist. Denn ein spiritueller Weg muss keine tiefernste Angelegenheit sein.

Atemtherapie oder Atemarbeit: Da der Atem nicht nur das Leben ist, sondern Zwillingen zugeordnet, ist diese Therapie effektiv, öffnet Herz und Sinne und hilft, jede Art von Blockaden loszulassen.

Der *Wirbeltanz der Sufis*: Grün ist die Farbe des Islam, des Propheten. Einen gewissen Bezug zur spirituellen Seite, dem Sufismus, haben Zwillinge ganz sicher. Der Wirbeltanz der Derwische ist Meditation in Bewegung und führt in hohe Bewusstseinsebenen.

Tragering: Bei Arm- und Schulterbeschwerden ist das eine äußerst effektive Methode zu entspannen. Auch der Zugang zum Unbewussten wird dadurch geöffnet.

Holotropes Atmen nach Stanislav Grof: Das ist eine spirituelle Atemarbeit, bei der über Hyperventilation die Tür zu ganz tiefen Seelenschichten und unterbewussten Erinnerungen geöffnet wird. Und alte Traumata aufgearbeitet werden können.

Biografiearbeit: Da Zwillinge das Schreiben meist schon als besondere Gabe mitbringen, ist diese psychologische Ausrichtung, die aus dem Buddhismus kommt, besonders stimmig. Hier wird der Lebenslauf einmal vorwärts, rückwärts und wieder vorwärts aufgeschrieben. Das vermittelt tiefe, ganz neue Erkenntnisse.

Die *klassische Gesprächstherapie* ist natürlich für kommunikationsfreudige Zwillinge eine sehr spannende Angelegenheit. Aber: Eloquenz kann auch zur Falle werden, man kann sich selber austricksen und Schmerzen – heilender Art – ausweichen.

Schwedische Massage: reduziert Stress, eine typische Zwillinge-Krankheit und löst Verschlackungen.

Posturale Integration hilft, mental, physisch und psychisch zu optimaler Funktion zurückzufinden.

Sandbilder malen: Seelische Bilder einfach unter Ausschluss bewussten Denkens entstehen zu lassen, ist hier der Hintergrund.

Sport in allen Variationen: Zwillinge lieben Tennis, der sowohl eine Geschicklichkeit der Hand voraussetzt wie auch ein hohes Laufpensum garantiert. Und: Tennis wird mit einem Partner – einem Gegenüber – gespielt.

Power-Yoga liegt Zwillingen besonders.

Caldarium ist eine Inhalationstherapie, wunderbar für die Bronchien.

Krebs
22. Juni – 22. Juli

Krebs ist das vierte Zeichen im Reigen der Tierkreisgeschichte. Er ist weiblich, kardinal, und gehört zum Wasserelement. Psychologisch ist Wasser das Symbol für den Urgrund der Seele, tiefgründig, geheimnisvoll, unergründlich. Wie die Gezeiten des Meeres, so ist auch das Seelen- und Körperempfinden des Krebses wechselnden Zuständen ausgesetzt. Auch der Herrscher der Krebse, der Mond, ist ja ständigen Wandlungsphasen unterworfen und wird mit Gefühl, Romantik, aber auch der Nachtseite der großen Mutter assoziiert. So steht Krebs ebenso für die medialen Fähigkeiten, die Aktivität des Unterbewussten. Hier findet die Entwicklung vom Denken zur buddhistischen Ebene der Seele statt. Das Mediale des Krebses wird verständlich, wenn man berücksichtigt, dass er auch über die Seelen der Verstorbenen herrscht, die mit geliebten Menschen hier auf der Erde wieder Kontakt aufnehmen wollen. Häufig arbeiten Krebse auch als Sterbebegleiter und nehmen dabei die Angst vor der Exkarnation. Erstaunlich häufig aber gibt es bei Krebsen in therapeutischen Gesprächen und bei der homöopathischen Fallanamnese die Aussage, Angst vor Geistern zu haben. Das hängt sicher damit zusammen, dass der Vorhang zu den anderen Dimensionen und kosmischen Ebenen nicht ganz dicht schließt. Die Seele der Krebse ist berührbar, empfindsam, aber keineswegs schwach. Das weiche Wasser in Bewegung hat bekanntlich die Fähigkeit, das Harte zu überwinden. Diese Weisheit aus dem Tao können wir eins zu eins auf Krebse übertragen: Sie

haben eine wirklich unglaubliche Stärke und einen Facetten-
reichtum, der seinesgleichen sucht. Zwar passen sich Krebse
nahtlos an, aber sie geben dabei nichts von ihrer ursprünglichen Absicht auf. In meiner Praxis gibt es eine Menge Patienten,
die die Sonne oder den Aszendenten im Krebs haben. Insbesondere die Tierkreisgrade $17° - 22°$ sind alles andere als sanfte
Wesen, sondern mit extrem rebellischen und widerstandsorien-
tierten Kräften ausgestattet. Die Häufung dieser Patientengrup-
pe zeigt schon mal, dass Krebse auf alternative Therapien Wert
legen, dass das ganzheitliche Denken ihnen zutiefst entspricht.
Andererseits stimmt es sicher, dass Krebse traditionsverhaftet
sind und kritisch hinsehen, was mit ihnen geschieht oder was
therapeutisch in Bewegung kommt. Das aber ist bei ihrer Empfindsamkeit und ihren sensiblen Reaktionen auf Arzneien und
Maßnahmen ein sehr nötiger Selbstschutz. Schon allein ihre
Empfindungstiefe zeigt, dass Verletzungen und Traumata in der
Kindheit Spuren hinterlassen haben. Es erfordert sehr viel Mut,
sich bei dieser Verletzlichkeit den Herausforderungen des Lebens zu stellen, zumal Krebse oft besonderen karmischen Ein-
flüssen in der Familiensituation ausgesetzt waren. Das hat natürlich reflektorisch zur Folge, dass man sich diesen Spannungen und Schmerzen stellen muss und Heilung oder Linderung
sucht, schon um aufzuarbeiten und in Harmonie mit sich selbst
zu kommen. Dazu sind Krebse durch ihre psychologische Gabe
befähigt, die sie wahrlich reichlich mitbringen. Hinderlich ist oft
die Tendenz, Kränkungen oder Probleme erst einmal mit sich
selbst abzumachen und im wahrsten Sinne des Wortes wieder-
zukäuen. Das bleibt bei der Magenempfindlichkeit natürlich
nicht ohne Folgen. Aber im Lauf des Lebens lernen Krebse, sich
auf andere Weise zu öffnen und zu entlasten. Das nährende
Prinzip, das den Krebsen zugeordnet wird, drückt sich in vielfältiger Weise aus. Krebse bauen Menschen in ihrem Umfeld
fast automatisch auf. Das nährende Prinzip zeigt sich konkret
über ihr Interesse für Ernährung. Für andere zu sorgen, das
leibliche Wohl zu stärken, ist Krebs-Qualität. «Jedem Unterta-

nen sonntags sein Huhn in den Topf», dieser Ausspruch ist vom französischen König Ludwig XII. überliefert. Dieser «Vater des Volkes» genannte Herrscher, hatte sowohl die Sonne als auch den Aszendenten im Krebs. Über Ernährung reden Heilpraktiker immer, das gehört zur Therapie dazu. Von Krebsen aber wird es, wenn sie in die Sprechstunde kommen, garantiert selbst zur Sprache gebracht. Das hat medizinisch einen sehr realen Grund: Krebse haben unglaublich viele Nahrungsmittelunverträglichkeiten. Da braucht es kein extrem ausgeprägtes Körpergefühl, um dieses wahrzunehmen. Die Auswirkungen sind unübersehbar, oft sogar massiv.

Astromedizinische Gesichtspunkte

Astromedizinisch gehören zum Krebs die weibliche Brust, das Lymphsystem, der Magen, Teile des weichen Gehirns, die Eierstöcke, die Hoden sowie die Schleimhäute. Die Erkrankungstendenzen ergeben sich aus diesem Organbezug. Zunächst ist der Magen empfindlich, daraus kann sich ein Stressmagen, ein Gaster nervosa, eine Gastritis, meist rezidivierender Art, entwickeln. Magenulcus, Magenpolypen, -tumoren, -erweiterungen, eine Refluxerkrankung, falsche Säurebildung, all das ist möglich. Enttäuschungen, Belastungen, Ärger machen sich oft zuerst am Magen fest. Nahrungsmittelunverträglichkeiten können Schleimhautirritationen bis hin zu schweren Entzündungen, auch im Darm, auslösen. Colitis ulcerosa z.B. ist eine Erkrankung, die vom Temperament, der psychischen Konstellation wie auch den anderen Faktoren am ehesten den Krebsen zugeordnet ist. Das Persönlichkeitsmuster dieser Patienten ist: auf Symbiose ausgerichtet, starke Verlustängste, große Empfindsamkeit bei hoher Intelligenz und starkem Unabhängigkeitswunsch. Plus Nahrungsmittelunverträglichkeiten, vor allem Kuhmilcheiweiß. Lymphstauungen sind extrem häufig bei Krebsen zu beobachten und sind oft dem Mondumlauf angepasst. Die weibliche Brust ist empfindlich! Zysten, Verhärtungen, auch Tumoren, sind möglich. Die prämenstrualen Beschwerden sind oft stärker ausgeprägt. Krebse sind archetypisch Lymphatiker und neigen zu Erkrankungen des lymphatischen Systems. Dazu gehören Tonsilitis, Erkältungserkrankungen, die mit Lymphknotenschwellungen einhergehen, sowie das Pfeiffer'sche Drüsenfieber.

Irisdiagnostisch finden sich deswegen bei Krebsen auch alle Anzeichen eines Lymphatikers. Die blaue Iris mit Drüsenpunkten, mit Allergiezeichen, mit einem auffälligen Magenfeld. Je nach Befund: Die kittgraue Verfärbung, der sogenannte Kittmagen, sollte immer mit großer Aufmerksamkeit betrachtet werden. Hier gibt es massive Schleimhautzellveränderungen. Die Maßliebcheniris, die für Bindegewebsschwäche steht, ist ebenso häufig vorhanden. Veränderungen im Brustgewebe sind sichtbar. Grundsätzlich aber muss man als Irisdiagnostiker sagen: Es gibt auch «reaktionsarme» Iriden. Nicht jede Erkrankung ist hundertprozentig zu sehen. Zu glauben, wenn in der Iris keine entsprechenden Zeichen zu finden sind, sei das eine Versicherung, weder Karzinome zu haben noch solche zu entwickeln, ist ein Irrglaube. Es gibt leider keine unfehlbare Diagnosemethode.

Wie geht der Krebs mit Krankheiten um? Sehr unterschiedlich. Kleine Missempfindungen, eine Magenverstimmung, können panische Angst vor Krebs auslösen, massive Störungen aber werden oft ignoriert. Krebse wollen nicht als hypochondrisch gelten, deswegen drücken sie vieles weg. Bettwärme tut immer gut, feuchtwarme Wickel, die auf alle Hohlorgane entkrampfend wirken, ebenso. Wärme aber ist bei Entzündungen kontraindiziert. Deswegen ist es sehr wichtig, eine Diagnose einzuholen, bevor mit warmen Umschlägen Selbstheilung versucht wird. Diätische Maßnahmen akzeptiert der Krebs gerne. Ohnehin besteht oft ein Verlangen nach bekömmlichen Dingen: Dinkelzwieback, Haferbrei, Kartoffelbrei, gedämpfter Reis, Hühnerbrühe und sehr sanfte Gewürze. Tees werden gerne getrunken,

Heilerde gerne eingenommen und Leinsamen geschrotet. Rollkuren, Krebse lieben sie förmlich. Absolut abwertend finde ich die Behauptung, dass Krebse sich bei Leiden im Bett verkriechen und sich leidtun. Diese Behauptung habe ich niemals in der Praxis bestätigt bekommen.

Krebs – anatomische Entsprechung der Tierkreisgrade

Einteilung nach Ebertin	
1°	Sechste Rippe
2°	Siebte Rippe
3°	Achte Rippe (Gesichtssinn)
4°	Neunte Rippe
5°	Zehnte bis zwölfte Rippe
6°	Zwerchfell
7°	Brustkorbkanal
8°	Speiseröhreneingang (Paralyse)
9°	Magenpförtner
10°	Magengrund
11°	Magenvenen (Alkoholismus)
12°	Große Magenkrümmung
13°	Kleine Magenkrümmung
14°	Magenwände
15°	Magennerven (Selbstmord)
16°	Bauchspeicheldrüse
17°	Eingang der Bauchspeicheldrüse in den Magen
18°	Eingang der Bauchspeicheldrüse in den Magen
19°	Bauchspeicheldrüsenkopf, vielleicht auch Galle

Einteilung nach Ebertin	
20°	Oberer Arterienbogen
21°	Unterer Arterienbogen
22°	Magenschleimhäute
23°	Magenblutgefäße
24°	Blutgefäße der Verdauungsorgane
25°	Blutgefäße der Verdauungsorgane
26°	Brustdrüsen
27°	Brustwarzen
28°	Rippenknorpel
29°	Milz (Bronchitis)
30°	Zwölfter Brustwirbel

Einteilung nach Wemyss		
Krebs/Steinbock		
Grad	anatomische Entsprechung	pathologische Entsprechung
0°	oberer Teil des Rumpfes	Erfrierungen und Erkältungen
1°	oberer Teil des Rumpfes	Indigestion, Katarrhe, Grippe
2°	oberer Teil des Rumpfes	chronische rheumatische Beschwerden
3°	oberer Teil des Rumpfes	
4°	Ohren	Taubheit
5°	Ohren	Polypen, Schlaganfall
6°	Ohren	
7°	Nieren	Polypen
8°	Knochen	Knochenbrüche, Arthritis
9°	Herz	Herzkrankheiten
10°	Herz	Herzödeme

Einteilung nach Wemyss		
11°	Herz	
12°	Herz	
13°	Herz	
14°	Herz	grauer Star
15°	Herz	
16°	Herz	
17°	Herz	
18°	Herz	Tumoren
19°	Gallenblase	Verstopfung, Gallensteine, Mutismus
20°	Gallenblase	Ertrinken, Ersticken, Atemnot
21°	Gallenblase	
22°	Gallenblase	
23°	Gallenblase	
24°	Gallenblase	
25°	Gallenblase	Atemstörungen
26°	Gallenblase	
27°	Gallenblase	
28°	Gallenblase	Quetschungen
29°	Gallenblase	
30°	unterer Bereich des Rumpfes	

Empfindlichkeiten und Allergiebereitschaft

1° – 3° Krebs
Schleimhautempfindlichkeiten, oft sofortiges Aufblähen nach
jeder Mahlzeit, Ablehnung der Weiblichkeit mit Neigung zu

Anorexie. Unter bestimmten zusätzlichen Stressfaktoren ist eine Entwicklung von Multipler Sklerose möglich.

3° – 4° Krebs
Gestörte Magenperistaltik, Gefühl, der Magen sei wie zugebunden. Aggressionen wirken sich auf das Essverhalten aus. Verlangen nach Süßem, daher häufig Monilia albicans.

5° – 7° Krebs
Lymphstauungen, Wasseransammlungen.

11° – 13° Krebs
Nahrungsmittelunverträglichkeiten: Kuhmilcheiweiß, eventuell Soja, weißer Zucker, Knoblauch, Zitrusfrüchte, Hühnereiklar, Schweinefleisch.

13° – 14° Krebs
Unverträglichkeit von Natriumglutamat, allergische Reaktion auf Histamin, Aspirin, Medikamente. Mit asthmatischen Erscheinungen, Quinke-Ödem. Mobilitätsstörungen des Darms, eventuell geschwürige Entzündungen. Evtl. Colitis ulcerosa.

15° – 17° Krebs
Dominante Kuhmilcheiweißunverträglichkeit, Darmreaktionen, Entzündungen im Bereich der Magen- und Darmschleimhaut. Unverträglichkeit von: Schweinefleisch, Zitrusfrüchten, Knoblauch, Bärlauch, Zwiebelgemüse, Hühnereiklar.

18° – 20° Krebs
Empfindlichkeit der weiblichen Brust: Zysten, Verhärtungen, PMS.

20° – 22° Krebs
Empfindlichkeit der Ovarien, Zystenbildung, Hodenempfindlichkeit.

25° – 26° Krebs
Verschleiert auftretende Erkrankungen. Allergien, die schwer zu diagnostizieren sind, starke Reaktionen auf Alkohol, Nikotin und Medikamente.

28° – 29° Krebs

Besondere Empfindlichkeit des Lymphatischen Systems. Neigung zu Polypen, Zysten in weiblicher Brust und Ovarien. Unverträglichkeit von Kaffee, generell Koffein, Teein, extreme Reaktion auf Alkohol und Nikotin.

Ernährung

Die Ernährung des Krebses muss in der Regel schon deswegen bekömmlich sein, weil er um seine Empfindlichkeiten weiß. Die Irisdiagnose sagt: Ein blaues Auge – Lymphatiker –, ein schlaues Auge! Das heißt nichts anderes, als dass diese Menschen zwar gesundheitlich empfindlich sind, aber klug genug, darauf einzugehen und damit ein langes Leben zu erreichen. Die chinesische Ernährung, sanftes Garen, viel Reis, zartes Fleisch, weicher Fisch, Sojasoße (die übrigens schon wunderbar mit Enzymen versorgt), das bekommt Krebsen. Die Biokost ist mehr als angeraten, weil der Krebs auf Düngemittel und Schadstoffe jeder Art extrem reagiert. Erdnussöle und fette Speisen werden wenig vertragen, ebenso weißer Zucker. Honig, Ahornsirup, Birnendicksaft süßen auch! Ein Kapitel für sich sind die Nahrungsmittelunverträglichkeiten. Kuhmilcheiweiß wird ganz oft nicht vertragen. Krebse sind auch häufig Speikinder, die die Muttermilch im Schwall wieder erbrechen, weil eine Unverträglichkeit, vielleicht zu der Nahrung, die die Mutter zu sich genommen hat, besteht oder aber eine psychische Unverträglichkeit der Muttermilch vorhanden ist. Scharfe koreanische oder indische Kost ist hier ein echtes Wagnis. Die Gewürze sollten mild sein. Kaffee kann reizen, Rohkost desgleichen. Knoblauch, Zwiebeln und Bärlauch sind unverträglich, genau wie die Kuhmilch. Ziegen- und Schafprodukte werden meist toleriert. Das Essen selber: Achtsamkeit ist rundum geboten. Wie heißt es: Wenn du isst, dann mit aller Hinwendung, ohne Ablenkung, ohne Ärger und negative Gemütsverfassung. Und: Viele kleine Mahlzeiten sind bekömmlicher.

Dem Krebs entspricht astrologisch:

Fleisch:	Huhn, Fasan, Täubchen, Kalb
Fisch:	Hummer, Kabeljau, Scholle, Thunfisch, Pangasius
Gemüse:	Karotten, Kartoffeln, Bataten, Blumenkohl, Spargel, Chinakohl, Sojabohnen, Kichererbsen. Alles Blähende mit Kurkuma kochen!
Obst:	Banane, Nektarine, Aprikose, Marillen, Honigmelone, Früchte mit wenig Fruchtsäure

Hilfreiche Elemente auf dem Weg zum Wohlbefinden

Homöopathie

Das klassische Mittel, das dem Temperament des Krebses entspricht, ist:

Calcium carbonicum
Ganz viele Facetten dieses Arzneimittelbildes spiegeln rundum das Temperament des Tierkreiszeichens Krebs. Die Calciumcarbonicum-Persönlichkeit ist Lymphatiker, hat meist blaue Augen und viele Allergien. Erkältungsneigungen plus Tendenz zu Lymphstauungen, zum Ansammeln von Wasser im Gewebe und Gewichtszunahmen. Leitsymptome: Säure im Verdauungstrakt, saures Aufstoßen, saures Erbrechen, Magengrube aufgetrieben, verstopft, manchmal auch Druckgefühl, besonders nach Milchverzehr. Anhänglich, Angst vor Armut, Angst vor Abhängigkeit, vor Spott und Abweisung. Angst vor Krankheit, Angst, den Verstand zu verlieren, die völlig unbegründet ist, aber zum totalen Rückzug animiert. Wie die Auster schnell zumacht, kann auch die Calcium-carbonicum-Persönlichkeit sehr schnell dichtmachen. Diese Entsprechungen finden wir sehr ausgeprägt auf der seelischen Ebene: Calcium-carbonicum-Persönlichkeiten sind konservativ, halten gerne an Vertrautem fest, deswegen gehören sie zu den treuen Patienten, die auch extrem kooperativ sind. Auffällig ist oft die Religiosität, ebenso die Angst vor einer

kosmischen, strafenden Instanz. Und Angst vor Autoritäten als Folge. Verschlimmerung: kalte Luft, feuchtes Wetter, Vollmond, morgens.

Cimicifuga

Nervöse Überempfindlichkeit, Erschöpfung, ausgeprägte Sensibilität mit schnell aufschießender, gedrückter Stimmung bei Ablehnung. Gefühl, eine dunkle Wolke über sich zu haben. Schleimhautreizungen im Magen, Darm, Ovarien, Uterus. Übelkeit morgens, flaues Gefühl in der Magengegend. Aufstoßen, Erbrechen mit Kopfweh. Wechsel von Durchfall und Verstopfung. Bei Erschöpfung schnell allgemeines Krankheitsgefühl. Unruhe, depressive Phasen begleitet von Seufzen. Verschlimmerung: während der Regel, Pubertät und Wechseljahre.

Magnesium carbonicum

Die reizbare, überforderte Variante des Krebses. Der ganze Körper schmerzt krampfartig. Beschwerden im Magen und Darm, Aufstoßen, Flatulenz, alles schmeckt sauer. Koliken mit schneidenden Schmerzen und Zusammenkrümmen. Auch Halsschmerzen. Schlechter Schlaf, erschöpfte Nervenkraft, ausgebrannt, angespannt, ausgeprägte Schuldgefühle. Diffuses Gefühl, ein Unrecht begangen zu haben.

Alumen

Neigung zu Drüsen- und Lymphknotenerkrankungen, zu Geschwüren mit verhärteter Basis. Zittern als Reaktion auf schlechte Nachricht, leichter Schlaf. Verschlimmerung: im Schlaf, bei Kälte, durch schlechte Nachrichten. Furcht vor dem Bett.

Aluminia

Wechselnde Stimmungen, Launen, sehr berührbar, empfindsam, medial. Gefühl von Unwirklichkeit, von emotionalem Gespaltensein, von Nicht-angenommen-Werden, fehlende Geborgenheit. Mangel an Lebenswärme, Verlangen nach unverträglichen Dingen (nach Stärke, Kreide, Holzkohle, Säure). Chronisches Aufstoßen, Reizmittel verursachen Husten, Obstipation.

Hilfreich bei Allergien, Neurodermitis, Schleimhautirritationen durch Allergene. Verschlimmerung: bei Neu- und Vollmond, nach Kartoffeln.

Lycopodium
bei Aufstoßen, Auftreibung des Oberbauches.

Hydrastis
bei Magenkatarrhen mit Verstopfung.

Colchicum
Gasbildung in Magen und Darm, Geruch von Speisen erzeugt Übelkeit.

Bismutum subnitricum
Magenkrampf, Magenschmerz, wässriges Erbrechen.

Okoubaka D3
bei Nahrungsmittelallergien.

Phytotherapie

Heilerde
innerlich, auch äußerlich als Magenwickel.

Retterspitz
auch zur äußeren Anwendung, wohltuend als Leberwickel und Magen-Darm-Auflage.

Rollkuren
mit Kamille, Fenchel, Leinsamen geschrotet.

Tausendgüldenkraut
säureregulierend.

Salbei
magenberuhigend.

Gänsefingerkraut
tonisierend für Verdauungsorgane.

Schafgarbe
beruhigend und ausgleichend.

Anguraté-Tee
ein Fertigtee, der den Magen wirklich harmonisiert.

Schüßler-Salze

Calcium fluoratum
bei Gewebsverhärtung, Zysten, Polypen. Bei unbegründeten Ängsten.

Kalium chloratum
bei Katarrhen, Lymph-, Mandel-, Schleimhautentzündungen, vitalisierend.

Silicea
Bindegewebe stärkend, Stützkraft auch für die Psyche.

Manganum sulfuricum
bei Allergien, Drainagemittel.

Bach-Blüten

Aspen
bei unerklärlichen, diffusen Ängsten, Lebens- und Verarmungsängsten.

Centaury
bei übertriebener Fürsorge und Gutmütigkeit. Hilft, Nein zu sagen.

Chicory
zu ausgeprägte Fürsorge für andere. Gefühl, den Eltern permanent etwas zurückgeben zu müssen. Übertriebene Anhänglichkeit.

Hornbeam
Überforderungsgefühl im Alltag. Hilft, sich mehr Freiraum zu gönnen.

Mustard
bei Niedergeschlagenheit und seelischer Verstimmung. Schenkt
frischen Mut.

Australische Busch-Essenzen

Kapok Bush
bei Entmutigung, hilft Durchhaltequalität zu entwickeln.

Wild Potato Bush
bei seelischer und körperlicher Überlastung, schenkt Power.

Philotheca
wenn man besser geben als nehmen kann. Hilft, sich beschen-
ken zu lassen.

Mongo Waratah
hilft, offen und vertrauensvoll auf die Welt zuzugehen.

Heilen mit Farben – auch in der Nahrung – und Edelsteinen

Die Farbe des Krebses ist Perl-Silber-Rosé, wie eine kostbare
Perle. Krebse lieben Pastellfarben, gern auch von Champagner
bis Hellpink. Die seelische Belastbarkeit stärkt Violett. Das fördert auch gleichzeitig das spirituelle Wachstum.

Violette Nahrung: Auberginen, Rote Bete, Lollorosso, Feigen,
Datteln, Heidelbeeren. Als Gewürz sind Heidekraut, Beinwell
und Dill hilfreich. Bei Magenübersäuerung helfen Lakritz und
grüne Bananen.

Die Edelsteine sind die Perle, dieses wunderbare Geschenk
des Meeres, oder der Mondstein, dem heilende und spirituelle
Kräfte zugeordnet werden. Der Mondstein hat auch einen Bezug zur Fruchtbarkeit und soll sowohl die Empfängnis begünstigen als auch Lebensangst nehmen.

Psychotherapie, Körperarbeit, Meditation

Lymphdrainage: Lymphstauungen, das verbreitete Leiden der Krebse, kann man wieder ausstreichen. Lymphdrainagen entstauen nicht nur auf der Körperebene, sondern lösen auch seelische Blockaden.

Massagen: Jede Art von Streicheleinheiten tut Krebsen besonders gut.

Die *ayurvedische 4-Hand-Synchronmassage* ist Reinigung, Entschlackung und pures Wohlbehagen.

Rebalancing ist eine spirituelle Bindegewebsmassage mit einer tiefen heilenden Wirkung.

Chromotherapie: Heilen mit Farben und Schwingungen, das entspricht Krebsen besonders.

Wasser-Shiatsu: Wasser ist ein Krebselement! Die Verbindung von Shiatsu und Wasser ist deswegen besonders hilfreich, Ungleichgewicht aufzulösen.

Systemische Familientherapie: Keine andere Psychotherapie wird so häufig von Krebsen gewählt. Sie vermittelt tiefe Einblicke und Erkenntnisse in Familienaufträge und -prozesse.

Die *Arbeit mit dem inneren Kind*: Diese therapeutische Unterstützung hilft alte Verletzungen und Wunden zu heilen und sich nachträglich etwas zu schenken, was in der Kindheit fehlte.

Die *Liebende-Güte-Meditation* der Sufis ist ganz nach dem Herzen der Krebse.

Der *Lotostraum* ist für Krebse geradezu erfunden. Hier verbindet sich Massage mit Verwöhnung. Vitalisierend wirkt der Lotostraum durch die Anwendung ätherischer Blumenöle.

Chi-Massage: Eine rhythmisch ausgeführte Massage, die das positive Chi stärkt.

Bewegung ist nicht immer der Favorit der Krebse. Stretchting, sanftes Strecken, Dehnen oder auch Tanzen nach Musik, das lieben Krebse. Besonders indische Tänze, die sich positiv auf die innere Harmonie, auch die des Bauchraumes, auswirken, sind ideal.

Luna-Yoga: Eine Form des Yoga, die besonders die Weiblichkeit stärkt, unterstützt und bei Störungen und Ungleichgewicht der weiblichen Funktionen hilft.

Löwe
23. Juli – 23. August

Das Tierkreiszeichen Löwe ist feurig, männlich, fix und beherrscht das 5. Horoskophaus, das Feld der Kreativität, der schöpferischen Ausdruckskraft und der Selbstverwirklichung. Löwe hat eine intensive Lebenskraft und strahlende Aura, ist authentisch, autark, großherzig und verströmend in seiner Warmherzigkeit – wenn er will. Letzteres differenziert einzusetzen, aus dem Zugewandtsein und Coachen, dem Aufbauen und Fördern einen bewussten Prozess zu machen, ist eine Lebensaufgabe, um das eigene Lebensfeuer zu schützen. Löwen haben meist ein ziemlich gut gefülltes Selbstwertkonto oder stellen sich zumindest so dar, dank ihrer schauspielerischen Begabung. Im Übrigen gibt es auch sehr feinstoffliche Löwen, die weder vor Selbstwert strotzen noch sonst in irgendeiner Weise das übliche Löwe-Klischee bedienen. Gerade die ersten neun Grade sind hochspirituell und oft künstlerisch geradezu genial, weil sie an einen höheren Bewusstseinsstrom angebunden sind, deswegen aber oft mit den gröberen Schwingungen dieses Planeten nicht immer gut klarkommen. Auch die Grade von 20° – 24° haben ein besonderes Schicksal und eine Tiefe der Empfindungen, die geradezu prädestiniert ist, tiefenpsychologisch zu arbeiten. Das ist kein theoretisch-akademisches Wissen, sondern das, was ich in meiner Praxis immer wieder beobachten konnte. Denn entgegen jeder Behauptung, dass Löwen sich mit Krankheit nicht gerne auseinandersetzen, sind sie tatsächlich gesundheits- und körperbewusst und besonders der Homöopathie gegenüber sehr aufgeschlossen. Gerade aus der Ablehnung von Alter, Angst vor Vitalitäts- und Ausstrahlungsverlust aktivieren sie alles, um gesund, attraktiv und strahlend zu bleiben. Und der Wille ist eine starke Kraft! Der Geist formt den Körper, sagen die Weisen; nach meiner Erfahrung macht das viel Sinn. Der Herrscher des Löwen ist die Sonne, die auch die Quelle physischen Bewusstseins ist und das Seelengewahrsein stimuliert. Löwe hat außer seiner feurig-irdischen Seite auch eine hochspirituelle. Das Herz, das dem Löwen zugeordnet ist, ist nämlich nicht nur ein faustgroßer Muskel, der eine Pumpfunktion erfüllt und den Kreislauf, die zentrale Lebenskraft, steuert und erhält, er ist viel mehr. In der chinesischen Medizin ist das Herz der Sitz von Shen, dem höchsten spirituellen Anteil des Menschen. Die alten Ägypter fühlten mit dem Herzen, auch das Gewissen war im Herzen zu Hause. Die Sufis, die Mystiker des Islams, betrachten das Herz als die Heimat des Göttlichen. Auch bei den Hindus ist das Herz der Punkt des ewigen Bewusstseins. Astrologisch wird die Freude dem Herzen zugeordnet, in jedem Fall aber die Gemütsbewegung. Das Herz ist ein empfindliches Gebilde, wenn es um Emotionen geht. An gebrochenem Herzen sterben, in Stephan Zweigs «Untergang eines Herzens» ist das sehr eindrücklich beschrieben. Es gibt nicht nur einen dokumentierten Fall, bei dem starke Gemütsbewegungen Sensationen am Herzen ausgelöst haben. Speziell der Fußballplatz ist ja allseits dafür bekannt, dass die damit verbundene Aufregung nicht spurlos am Herzen vorbeigehen muss.

Astromedizinische Gesichtspunkte

Astromedizinisch dem Löwe-Zeichen zugeordnet sind: die Aorta, das Rückenmark, die Wirbelsäule, die Bandscheiben, der Blutkreislauf und das Auge. Als körperliche Empfindlichkeiten ergeben sich daraus: Herzbeschwerden, Herzrhythmusstörungen, Tachykardien, Extrasystolen, Herzangst, Herzenge (Angina

pectoris). Letzteres wird oft mit einer Versteinerung gleichge-
setzt. Das Herz wird eng, wenn es nicht genährt wird, sich nicht
der Freude öffnen kann. Allerdings kann auch Perfektionismus,
der Anspruch, alles so gut wie möglich zu machen, zu einer
Engstellung der Gefäße führen, die dann chronisch wird. Bluthochdruck belastet das Herz. Bluthochdruck und Gefäßbelastung sind unbedingt zu behandeln, um Folgeschäden zu vermeiden. Auch ein Herzinfarkt kommt übrigens nicht aus völlig
heiterem Himmel. Es gibt in der Regel Anzeichen, manchmal
diskret, manchmal verschleiert als Unbehagen am Herzen oder
im Bauchraum. Aber: Warnsignale sind fast immer vorher vorhanden! Herzklappenfehler, Herzinsuffizienz, bakterielle Beset-
zung des Herzens wie Myocarditis, Endocarditis, praktisch alle
pathologischen Veränderungen am Herzen, sind rein theoretisch – im Sinne astrologischer Zuordnung – hier zu finden.
Enttäuschungen, und speziell auf die reagieren Löwen besonders sensibel, machen sich häufig am Herzen fest. Rückschläge,
gar Versagen im Leben, können zu Bandscheibenvorfällen, zu
massiven Bewegungseinschränkungen und schmerzhaften Erscheinungen im Rückenbereich führen. Rückenprobleme treten
sogar oft schon in jüngeren Jahren auf, deswegen ist eigentlich
jede Art von Rückentraining so wichtig. Paradoxerweise aber
bücken sich, meiner Erfahrung nach, gerade Löwen nicht so
gerne. Fällt ein Blatt Papier runter, wartet der typische Löwe
darauf, dass sich irgendjemand findet, der es für ihn aufhebt.
Fußschalter an Stehlampen bedient er gerne mit dem Fuß, auch
da gilt die Maxime, bloß nicht den Rücken krümmen. Eventuell
hat das mit dem Gefühl großer Würde zu tun, mit dem er diese
Lebensbühne betritt. Vielleicht ist er aus früheren Leben gewohnt, solche niederen Verrichtungen zu delegieren. Vielleicht
aber handelt es sich auch um eine schmerzbedingte oder unbewusste Schonhaltung, einen Versuch, den Rücken zu entlasten.
Therapeutisch gesehen ist das aber der falsche Ansatz. Für Erkrankungen am Bewegungsapparat gilt: Ohne Bewegung verstärken sich die Beschwerden! Das Leitmotiv heißt fast immer:

Bewegung bessert! Löwen, die so gerne wegen ihrer Selbstakzeptanz und Lebensfreude beneidet werden, neigen allerdings auch zu Depressionen, zum Teil sogar mit großer Selbstverzweiflung, was ja ausdrückt, dass man an sich selbst – und dem Leben – verzweifelt. Besonders die Anfangsgrade sind Grenzgänger zwischen zwei Welten (in pathologischer extremer Form kann das dem Borderline-Syndrom entsprechen) und fühlen sich oft den starken Reizen der Umwelt nicht gewachsen. Personen, die 19° – 24° Löwe besetzt haben, kennen Phasen tiefer Melancholie, sind aber äußerst bereit, diese Phase zu durchschreiten und das als starke Entfaltungskraft zu nutzen.

Irisdiagnostisch zeigt sich bei Löwe sehr häufig die aufsteigende Transversale am Herzen, besonders bei den Ehrgeizigen, denn sie steht ja für eine Anspruchshaltung, die Gefäße eng stellt. Der Apoplektikerring für Bluthochdrucktendenz, eine Schwächelakune im Herzsektor, eine Transversale aus dem Lebersektor zum rechten Herzen, die eventuell Hypertension anzeigt, sowie Schnitzzeichen am Herzklappensektor. Die tief sitzende Lakune, die für Herzangst steht, ist übrigens bei Löwen nicht so häufig aufzufinden.

Wie verhält sich der Löwe nun bei Krankheit? Erst einmal hofft er natürlich, dass es sich nur um ein vorübergehendes Unwohlsein handelt. Wenn ein bisschen Schonung, leichte Kost und Rückzug nichts bewirken, geht er erst einmal zum Schulmediziner, einer Kapazität natürlich, um die effektivste Hilfe zu finden. Löwen lassen sich nicht gern auf dubiose Unternehmen ein. Was man wissenschaftlich nicht erklären kann, kann Löwe nicht wirklich zulassen. Der nächste Schritt ist dann der zum Homöopathen, zum besten natürlich, denn Löwen kommen nicht übers Branchenbuch, sondern über mündliche Empfehlung und Rückmeldungen von Freunden. Es darf natürlich durchaus ein renommierter, sehr bekannter Homöopath sein, der auch eine eindrucksvolle Praxis und ein ebensolches Image hat. Löwen sind übrigens selbst oft mit großem Erfolg in homöopathischer Praxis tätig. Ich persönlich kenne etliche, die ausgezeichnet sind und den Aszendenten bei 20°– 24° Löwe haben. Rein prophylaktisch unternehmen Löwen aber auch eine Menge, um gesund zu bleiben. Wellness-Kuren, Besuche auf einer Schönheitsfarm, Pilates, Golf, Metabolik-Ernährung, all das ist Löwen ein selbstverständliches Anliegen. Sie sind es sich eben wert, etwas für ihr Wohlbefinden zu investieren.

Löwe – anatomische Entsprechung der Tierkreisgrade

Einteilung nach Ebertin	
1°	linke Kranzarterie
2°	Aorta
3°	rechte Arterie
4°	linke Arteria carotis
5°	rechte Arteria carotis
6°	Eingang der Lungenarterie (Gesichtssinn)
7°	linke Kranzarterie
8°	untere Hohlvene (Blutarmut, Gehörsinn)
9°	obere Hohlvene
10°	Drosselvene
11°	Schlüsselbeinvene
12°	Wirbelsäule
13°	rechte Herzkammer
14°	linke Herzkammer
15°	rechter Vorhof
16°	linker Vorhof
17°	rechtes Herzohr
18°	rechte Herzhöhle

Einteilung nach Ebertin	
19°	Herzscheidewand (Rückgrat)
20°	zweizipfelige Klappe
21°	linker Vorhof
22°	linkes Herzohr (Blinddarm)
23°	linkes Herzohr (Rheumatismus)
24°	Papillarmuskel
25°	Herzbeutel (Alkoholismus, Abszesse)
26°	Herzmuskel
27°	Sehnen zu den Herzklappen (Kropf)
28°	Sehnen zu den Herzklappen
29°	Fleischbalken (Neuritis)
30°	Rücken

Einteilung nach Wemyss		
Löwe/Wassermann		
Grad	anatomische Entsprechung	pathologische Entsprechung
0°	oberer Lendenbereich	
1°	oberer Lendenbereich	
2°	oberer Lendenbereich	
3°	oberer Lendenbereich	Gallenleiden
4°	Geruchssinn	
5°	Geruchssinn	
6°	Geruchssinn	
7°	Nieren	Ödeme
8°	Haut	Ekzeme
9°	Haut	

Einteilung nach Wemyss		
10°	Haut	
11°	Haut	
12°	Haut	
13°	Haut	
14°	Haut	Abszesse
15°	Haut	
16°	Haut	
17°	Haut	Blinddarmentzündung, Asthma
18°	Haut	
19°	Haut	Blasenkrankheiten
20°	Haut	Durchfall
21°	Haut	Schlaganfall, Tuberkulose
22°	Blase	
23°	Blase	
24°	Blase	
25°	Blase	Verbrennungen, Entzündungen
26°	Blase	Fettleibigkeit, Karbunkel
27°	Blase	Vergiftungen, auch durch Lebensmittel
28°	Blase	
29°	Blase	
30°	unterer Lendenbereich	

Empfindlichkeiten und Allergiebereitschaft

1° – 7° Löwe
Weizenunverträglichkeit. Mit Konjunktion Neptun larvierte Glutenunverträglichkeit, mit Konjunktion Mars Schleimhautentzündungen, Diarrhöen. Konjunktion Jupiter multiple Körnerunverträglichkeit. Konjunktion Pluto allergische Schleimhautreizung mit Bildung von Polypen, z.B. im Darm. Neurodermitis und andere Hauterscheinungen, einmal als Folge der Nahrungsmittelunverträglichkeit, z.T. auch als Reaktion auf Begegnungen und Außenreize, die nicht erwünscht sind und das innere Gleichgewicht stören.

7° – 9° Löwe
Schilddrüsendysregulation, die Herzrhythmusstörungen auslösen kann.

8° – 10° Löwe
Gaster nervosa, Neigung zu gestörtem Essverhalten, Tendenz zur Zystenbildung der weiblichen Brust.

11° – 13° Löwe
Tendenz zu Bluthochdruck, Gefäßbelastung.

14° – 16° Löwe
Tendenz zu Störungen des Hormonregelkreises mit Unruhe, Schlafstörungen, Blutdruckdysregulation.

20° – 24° Löwe
Tiefe Nachdenklichkeit, analytische Begabung, aber auch Phasen von Depressionen, andererseits extrem starke Lebenskraft mit der Fähigkeit, Hindernisse zu überwinden, an Zäsuren zu wachsen.

23° – 25 Löwe
Zusätzlich: Schilddrüsendysregulation mit Blutdruckschwankungen, Fülle im Blutkreislauf.

27° – 28° Löwe
Physische Verausgabung, Tendenz zu Übertreibungen, die auch den Blutkreislauf sowie den Blutdruck ins Ungleichgewicht bringen können. Neigung zu Wassereinlagerung, Ödeme, Stase.

Ernährung

Bei Löwen heißt der Wahlspruch: lieber Qualität als Quantität. Sie lieben ausgefallene Gerichte, durchaus ein bisschen Luxus, Hummer, Kaviar, Lenotre-Brötchen, Rohmilchbutter aus der Normandie, Schinken von Schweinen aus der Provence, die nur mit Eicheln gefüttert wurden. Ja, es darf etwas gehobener sein, auch ein Sternekoch wird mit Vorliebe frequentiert. Löwen gehen extrem gerne essen, zu Hause darf es dann auch schon mal die schnelle Küche sein, z.B. ein Schinkenbaguette. Doch Vorsicht: Viele Löwen haben extreme Nahrungsmittelunverträglichkeiten, besonders auf Weizen. Eigentlich haben Löwen schon aus dem Bedürfnis heraus, schlank, beweglich, attraktiv und fit zu bleiben, eine recht gesunde Nahrungsauswahl. Leicht zu essen, von allem ein wenig, kleine Portionen, wenig Kohlenhydrate, das ist sehr zuträglich. Wer nicht gerne kocht, muss darauf achten, nicht zu viel Brot zu essen. Brot ist sauer! Salate sind ebenfalls rasch und unkompliziert zubereitet.

Dem Löwen entspricht astrologisch:
Fleisch: Lamm, Ziege, Rind
Fisch: Hummer, Crevetten, Muscheln, Seezunge, Lachs, Lachsforelle
Gemüse: Feldsalat, Rucola, Sauerampfer, Löwenzahn, Artischocke, Chicorée, Pastinaken
Obst: Quitten, Mango, Papaya, Kastanie, Mandarine, Clementine, Aprikose

Hilfreiche Elemente auf dem Weg zum Wohlbefinden
Homöopathie

Platinum metallicum

Platin ist das Löwenmittel par excellence, denn Stolz ist das vorherrschende Leitsymptom. Zwar ist Platin häufig ein Frauenmittel, kann aber genauso gut, wenn die Symptome stimmen, Männern verordnet werden. Der Schatten des Mittels sind Überheblichkeit, Hochmut, Dünkel und Egozentrik. Die Überheblichkeit drückt sich auch in der Vorstellung aus, dass alles in der Umgebung kleiner erscheint. Gestörte Wahrnehmung von Proportionen. Platin ist die Prinzessin auf der Erbse, die schwer zufriedenzustellen ist. Zu Platin gehören: Lebensüberdruss, mit Schweigsamkeit und Furcht vor dem Tod, schlimmer durch Schreck, Kummer oder Sorge um das Ansehen. Himmelhoch jauchzend, zu Tode betrübt. Geistes- und Gemütssymptome treten auf, wenn die körperlichen Beschwerden zurückgehen. Lappalien können völlig aus der Fassung bringen und schnell verstimmen. Obstipation auf Reisen. Dumpfer Kopfschmerz durch Ärger und Sorge.

Aurum metallicum

Auch das Gold gehört natürlich als edles Metall, als Ausdruck von Image und Bedeutung, zum Löwen. Außerdem passen einige Schlüsselsymptome von Aurum perfekt zu diesem Zeichen: beruflich erfolgreich, wirtschaftlich gut gesattelt, zeigt im Arbeitsbereich sein Berufsgesicht, eine Maske, hinter die er niemanden blicken lässt. Kränkungen des Selbstwertes werden nie verziehen, auch wenn nach außen die Form gewahrt wird. Elitärer Anspruch! Große Verzweiflung mit suizidalen Gedanken, zieht sich zurück. Metaphysisch wurde mit Aurum das Gold der jüdischen Bundeslade in Verbindung gebracht. Aurum hat wie der Löwe eine zutiefst spirituelle Wesensfacette, die oft geleugnet wird. Tendenz zu rotem Bluthochdruck auf der Körperebene.

Carcinosinum

Carcinosinum ist zwar eine Nosode, aber auch ein großes Kon-

stitutionsmittel. Als Eigenschaften gehören dazu: Reiselust, großer Ehrgeiz, Vorliebe für Tanz, Rhythmus, Bewegung, Musik
und Kunst. Mitfühlend! Wechselnde Symptome. Auffällig ist die
Freude am Gewitter. Überbegabte Kinder (das sind Löwe-Kinder
häufig), Furcht im Dunkeln (wenn die Sonne, der Löwe-Ener-
giespender, sich zurückgezogen hat). Ausgeprägtes Wohlbefinden vor Ausbruch einer Krankheit. Symptome: Herzklopfen,
Einschnürungsgefühl am Herzen, Angina pectoris.

Lac leonium
Löwenmilch. Leitsymptome sind: spricht im Befehlston, herrisch, schnell wütend, Probleme mit Autoritätspersonen, die er
nicht anerkennt, zornige Träume von Missachtung und falschen
Anschuldigungen, von Feuer und Kämpfen. Kraftvolle Menschen, die auch wild und dominant auftreten können.

Latrodectus mactus
Dieses Spinnenmittel wirkt auf das Herz und ist besonders bei
Angina pectoris hilfreich. Leitsymptome: heftige Herzschmer-
zen, scharf, stechend, bis in die Schulter reichend, bis zu den
Fingerspitzen ausstrahlend, mit Taubheit der betroffenen Fin-
ger. Haut: kalt! Präkordialangst, Unruhe bei Herzschmerz.
Schlimmer: geringste Bewegung.

Lycopus virginicus
Herzmittel, das den Blutdruck senkt.

Cactus grandiflorus
Herzmittel, das die Herzgefäße weit stellt und als Prophylaxe
bei Herzinfarktgefahr eingesetzt wird.

Apocynum cannadium
bei Herzschwäche mit Wassersucht.

Spigelia
bei stechenden Herzschmerzen, Herzklopfen, Klappendefekt.

Naja tripudians
Atembeklemmung, Herzklopfen, Herzschmerzen mit Angst.

Phytotherapie

Herzgespann
ein wohltuender Herztee.

Crataegus (Weißdorn)
das Herzkräftigungsmittel überhaupt.

Mistel
blutdruckregulierend, herzstärkend.

Malvenblüten
wohltuend fürs Herz.

Euphrasia (Augentrost)
bei Bindehautentzündung. Gibt es auch als Augentropfen.

Brennnessel
bei Gelenkbeschwerden und rheumatischen Erscheinungen.

Schüßler-Salze

Kalium sulfuricum
das Drainage- und Ausleitungsmittel.

Lithium chloratum
bei Rücken- und Gelenkbeschwerden, bei Ischias und bei Depressionen.

Natrium phosphoricum
bei Übersäuerung des Gewebes und Nervenschmerzen.

Manganum sulfuricum
bei Allergien jeder Art.

Bach-Blüten

Agrimony
hilft, so wie Löwen es wünschen, authentisch und klar zu werden.

Holly
öffnet das Herz, hilft, liebevolle Muster zu entwickeln, fördert Toleranz und Mitgefühl.

Mustard
gegen trübe Stimmung, Verzweiflung, wenn das Schöne nicht mehr wahrgenommen werden kann.

Vine
hilft, wieder zur ursprünglichen Großzügigkeit zurückzufinden. Gegen Dogmatismus und Überheblichkeit.

Water Violet
bei Kontaktproblemen, wenn man sich getrennt von anderen empfindet. Gegen negativen Stolz und Distanziertheit.

Australische Busch-Essenzen

Dog Rose
wenn das übliche Selbstvertrauen gelitten hat. Gibt Mut und Strahlkraft zurück.

Bush Gardenia
verbessert die Kommunikation, das Balancegefühl in der Partnerschaft. Hilft, auf andere zuzugehen und Beziehungen auf Augenhöhe zu leben.

Slender Rice Flower
hilft, das oft Löwe-typische Vergleichen mit anderen aufzugeben, sich zu lieben, ohne ständig nach größerer Perfektion zu streben.

Autum leaves
hilft, die spirituelle Seite mehr zu entwickeln, lässt Botschaften aus einer anderen Dimension hören. Fördert das Loslassen-Können.

Heilen mit Farben – auch in der Nahrung – und Edelsteinen

Die Farbe des Löwen ist Goldorange. Die Lieblingsfarbe allerdings ist chinesisches Lackrot. Gold verbessert die Eigenwahrnehmung, Rot aber stimuliert bei Energiedefizit. Über Ernährung heißt das: Rote Nahrung frischt sofort die Lebensenergie auf, wie z.B. Tomaten, Radieschen, Himbeeren. Orangefarbene Nahrung aber stimuliert die schöpferische Kraft des Löwen, z.B. Kürbis, Karotten, Orangen, Kumquats. Löwen lieben Chili, Safran und Kurkuma. Zu viel Pfeffer, Muskat und vor allem Pfefferminze können Herzklopfen auslösen!

Der Edelstein ist der Rubin. Der königliche Stein verkörpert intensive Liebe und Treue. Er sensibilisiert gegenüber den Mitmenschen und hat eine Umkehrfunktion, d.h. dass Mitmenschen und Partner sich ebenso der höheren Form der Liebe öffnen.

Psychotherapie, Körperarbeit, Meditation

Psychotherapien gegenüber ist der Löwe durchaus offen.

Psychodrama z.B. ist fast für Löwe-Geborene konzipiert. Über das genaue Nachspiel von Erlebtem wird unmittelbar das Gefühl angesprochen, ins Fühlen gebracht.

Maltherapie: Löwen können wunderbar malen und über intuitives Malen verdeckte Seelenzustände aufdecken und dann heilen.

Gestalttherapie: Löwen arbeiten gerne mit gestaltenden Elementen, deswegen ist in Gestalttherapie eine große seelische Heilkraft enthalten.

Gesprächstherapie: Diese sollte aber möglichst mit Elementen von Rollenspiel und Musik abgerundet werden.

Meditation: Das Sonnengebet ist natürlich dem Löwe-Zeichen zugeordnet.

Die *Herzensmeditation* der Sufis spricht auch das Löwe-Herz an.

Tanz-Meditation nach Osho ist eine Meditation, die spielerisch und fließend in meditative Versenkung führt.

Tai Chi: Meditation in Bewegung.

Pilates: Eine Körperarbeit, die Löwen lieben.

Yoga, *Raja-Yoga*, die königliche Form des Yoga.

Ashtanga-Yoga, das praktizieren Löwen besonders gerne, weil es sowohl Geist, Körper als auch das spirituelle Bewusstsein anspricht.

Kleopatrabad: Eine fast luxuriöse Angelegenheit, wie der Name schon sagt. Milch-Honig-Wickel pflegen die Haut samtweich.

Jungfrau

24. August – 23. September

Die Jungfrau ist weiblich, erdig, rational, analytisch, verstandesbetont und oft mit einer tiefen Weisheit gesegnet. Jungfrau ist dem 6. Haus zugeordnet, ein zutiefst karmisches Zeichen, wie ich es empfinde. Demut und Dienen sind die Aufgaben, die immer im Zusammenhang mit Jungfrau genannt werden. Wer diese Begriffe oberflächlich wertet, kommt zu völlig falschen Schlüssen, denn ich kenne einige Jungfrauen, die bei dieser Zuordnung erst einmal aufschreien. Aber es stimmt! Kaum ein anderes Tierkreiszeichen trägt so viel bei zur Heilung dieses Planeten wie die Jungfrau. Ob Natur-, Tier-, Kinderschutz, ob Heilung an Tier, Mensch oder Umwelt, die Jungfrau ist dort federführend. Es erfordert viel Demut, sich immer wieder in den Dienst einer höheren Sache zu stellen. Und viel Standfestigkeit, um allen Aufgaben gerecht zu werden. Die schöne Synthese von Erdung – fest stehen – und spiritueller Entfaltung gelingt Jungfrauen besonders gut. Nur wer in sich geordnet ist, kann sich auf die möglichen Dinge zwischen Himmel und Erde einlassen. Der Jungfrau werden Fleiß, Genauigkeit, Detailtreue und Präzision zugeordnet, Perfektionismus! Beeindruckend ist die Fähigkeit, ganz schnell das Wesentliche zu erfassen, um die Kardinalpunkte zu bündeln. Der Herrscher, der dem Jungfrauzeichen zugeordnet wird, ist Merkur, und zwar in Gestalt des Hermes Trismegistos, der für Magie, Alchemie und die hermetischen Lehren verantwortlich ist. Deswegen ist das Denken der Jungfrau tiefgründig, hinterfragend und unterscheidend. Hermes ist der Patron der Heilkunst, deswegen ist der Hermesstab mit der Heilschlange seit ewiger Zeit auch das «Ärztelogo». Auch das Herstellen der Arzneien wurde durch Hermes gelehrt. Er war der Schreiber der Götter und geleitete die Seelen der Verstorbenen in das Totenreich. Die Jungfrau hat viele Lehren des Hermes gut verinnerlicht und setzt ihre daraus resultierenden Talente in diesem Leben zum Wohl anderer ein. Die Beschäftigung mit dem Heilen, mit Psychotherapie, Phyto-therapie und mit Sozialwissenschaft ist ihre stärkste Domäne. Ihr Interesse für gesundheitliche Fragen, für die Einheit von Leib-Seele-Geist und für Ernährung ist auffällig und eigentlich auch Selbstheilungsversuch zugleich. Wie immer sind der größ-te Vorzug und das stärkste Handicap auf einem Punkt. Die Jungfrau ist gesundheitlich empfindlich und hat karmisch oft den Auftrag, in diesem Leben dem Körper eine Aufmerksamkeit zu schenken, die er im letzten Leben nicht bekommen hat. Rei-nigung, Selbstreinigung und Heilung, entweder bei anderen oder bei sich selbst, sind Jungfrau-Manier. Jungfrauen haben enorm viel Nahrungsmittelunverträglichkeiten, die Folgeer-scheinungen und Einschränkungen der Lebensleichtigkeit be-dingen können. Damit aber kommt die Jungfrau meist extrem gut klar. Die Einsicht in die Notwendigkeit ist ihr Pré, die Fähig-keit, daraus etwas Positives – das Beste – zu machen, ihr schö-ner Vorzug. Jungfrau passt sich an die Realitäten des Lebens an. Übersicht, Ordnung und Organisationsgabe helfen, auch kom-plizierte Herausforderungen zu bewältigen und – bezogen auf Ernährungseinschränkungen – Alternativen zu finden. Ihre Wahrnehmung auf der Körperebene und darin, die Sprache der Seele über Körpersignale zu entschlüsseln, befähigt sie zum Ganzheitstherapeuten. Ihre besondere Liebe zu Yoga, die aus früheren Leben herrührt, rundet ihr schönes Potenzial wohltu-end ab. Auffällig sind die Klarheit und Authentizität, mit der die Jungfrau hinter ihren Überzeugungen steht. Sie gehört nicht zu denen, die Wasser predigen, aber Wein trinken! Als Patient ist die Jungfrau hochkooperativ, aber auch kritisch hinterfragend.

Da einer meiner Schwerpunkte in meiner Praxisarbeit die Therapie der Erkrankungen des Bauchraumes ist, sind naturgemäß
viele Jungfrauen bei mir in Behandlung. Der Bauchraum ist der
empfindlichste Bereich bei Jungfrauen.

Astromedizinische Gesichtspunkte

Astromedizinisch gehört zur Jungfrau: der Verdauungstrakt glo-
bal. Der Dünndarm, der für die Aufnahme und Verarbeitung
von Nahrung – dem Aufgenommenen – steht, und der Dickdarm, der für die Ausscheidung, die Reinigung, das Loslassen
von Schlacken und Schadstoffen zuständig ist. Da der Darm der
Organbereich ist, der am stärksten seelisch überlagert ist, können wir das auch ins Seelische übertragen. Wenn die Verarbeitung von aufgenommenen Eindrücken nicht adäquat geleistet
wird oder nicht mehr geleistet werden kann, kann es gehäuft zu
Erkrankungen des Dünndarms kommen. Wenn nicht genug los-
gelassen wird oder auch zu viel gegeben wurde, kann als Regulativ der Dickdarm über Erkrankung protestieren. Also nicht der
«Geiz» ist dickdarmtypisch, wie oft behauptet wird, wenn Erkrankungen, wie z.B. Obstipation, auftreten. Es kann auch das
Gegenteil sein, z.B. das seelische Regulativ auf dieser Ebene
zurückzuhalten, weil auf anderer Ebene permanent «gegeben»
wird. Im Darm finden unglaublich viele Prozesse statt. Die Abwehr, aber auch die Aufbereitung von Vitaminen und Nährstof-
fen, wird vom Darm geleistet. Der Darm ist ein eigenes Organsystem mit einem eigenen Gehirn – dem Bauchhirn. So bekommt der Begriff «Bauchgefühl» noch einmal eine ganz besondere Bedeutung. Auch Teile des Pankreas, der Leber, der Milz,
aber auch die Bauchgefäße und das Peritoneum gehören zur
Jungfrau dazu. Beschwerden ergeben sich aus diesem Organbereich: Verdauungsschwäche, Diarrhöen, Obstipation, Ileus, Polypen, Divertikel, Megacolon (besonders in Verbindung mit Jupiter), Tumoren. Enzymschwäche im Dünndarm, Ferment-

schwäche des Pankreas und Lebererkrankungen machen die Aufzählung komplett. Besonders häufig ist der Reizdarm zu beobachten. Aber auch entzündliche Darmerkrankungen, Colitis, Colitis ulcerosa und Morbus Crohn sind leider keine Rarität. Entzündliche Geschehen sind eigentlich immer gekoppelt an Nahrungsmittelunverträglichkeiten, die besonders bei 21° – 25° Jungfrau in vielfältiger Weise vertreten sind. Auch eine Überreaktion auf Konservierungsstoffe und Medikamente ist möglich. Der Verwachsungsbauch, Folge mehrerer Bauchoperationen, auch rezidivierender Entzündungen, ist ebenfalls ein Jungfrau-Leiden.

Irisdiagnostisch zeigt sich hier die gezackte Darmzone als Zeichen eines spastischen Darmes mit Krämpfen. Die abgerundeten Zacken für dumpfe Koliken. Das unregelmäßig ausgezackte Segment des Sigmoids zeigt Divertikel. Pigmente stehen für Polypen, Neubildungen oder Verschmierungen. Am Pankreaskopf und -schwanz sind oft Pigmente oder Schnitzzeichen zu sehen, auch das Pankreas-Apfelsinenpigment ist häufig vorhanden. Ringe im Darmfeld zeigen Motilitätsstörungen an, und feine Radiären weisen auf eine feine seelische Struktur und hohe Sensibilität hin. Gezogene Fäden in der Darmkrause weisen auf Verwachsungen hin.

Wie geht die Jungfrau mit Krankheiten um? Die Therapieoffenheit der Jungfrau ist beachtlich! Nahrungsmitteltestung, das Ausarbeiten eines Diätplanes, neue Lebensweisen und -rhythmen, all das ist kein Problem für sie. Ob Heilfasten, Franz-Xaver-Mayr-Kuren oder Pancha Karma, die Jungfrau ist zu allem, was gut tut, bereit. Allerdings auf der Basis einer Art Teamarbeit. Der Therapeut erklärt, entwickelt, rät, berät und erarbeitet zusammen mit dem Jungfrau-Patienten einen Heilungsweg. Auch Bewegungsübungen, insbesondere Yoga, werden sofort begrüßt. Yoga ist oft tief vertraut aus vielen früheren Leben. Letzteres wird meist schon selbst praktiziert, manchmal auch die Yoga-Ernährung einschließlich der Reinigungspraktiken, die ich zum Teil aber auch skeptisch betrachte. Erbrechen zum Reinigen des Magens, darin kann ich keinen Sinn sehen. Jungfrauen haben eine Affinität zur Naturheilkunde, die auffällig ist. Aber das ergibt sich ja schon aus ihren besonderen Bedürfnissen nach Ökologie und Ökonomie. Wer so stark die Natur schützt und schätzt, der wird sich bei Heilungsprozessen erst einmal auf den Reichtum dieser besinnen.

Jungfrau – anatomische Entsprechung der Tierkreisgrade

Einteilung nach Ebertin	
1°	Zwölffingerdarm
2°	Dünndarm
3°	Blinddarm
4°	aufsteigender Dickdarm (Asthma)
5°	Querast-Dickdarm
6°	absteigender Dickdarm
7°	Mastdarm
8°	Bauchhöhle
9°	rechter Leberlappen (rheumatisches Fieber)
10°	linker Leberlappen, Galle (typhöses Fieber)
11°	Leberkranzband und Galle
12°	Bauchaorta
13°	Leberarterien
14°	Gallenblasenarterie
15°	Warzenhügel
16°	Leberfurche
17°	Bauchmuskel
18°	sägeförmiger Muskel

Einteilung nach Ebertin	
19°	linke Leberfurche
20°	Gallengang
21°	Gallenblasengang (typhöses Fieber)
22°	Gallenblase
23°	Knorpel und Sehnen der Leber (Rückgrat)
24°	Knorpel und Sehnen der Leber
25°	Leber (Krebs, Gicht)
26°	Bauchvenen (Selbstmord)
27°	Hüftvenen (akute Nierenentzündung)
28°	Lebervenen (Schwindsucht)
29°	viereckiger Leberlappen
30°	Lebergang

Einteilung nach Wemyss		
Jungfrau/Fische		
Grad	anatomische Entsprechung	pathologische Entsprechung
0°	Zwölffingerdarm	
1°	Zwölffingerdarm	
2°	Zwölffingerdarm	
3°	Zwölffingerdarm	
4°	Zwölffingerdarm	Schnittverletzungen
5°	Zwölffingerdarm	
6°	Zwölffingerdarm	
7°	Zwölffingerdarm	
8°	Zwölffingerdarm	Ruhr
9°	Zwölffingerdarm	Ruhr

Einteilung nach Wemyss		
10°	Zwölffingerdarm	Ruhr
11°	Zwölffingerdarm	
12°	Zwölffingerdarm	
13°	Zwölffingerdarm	
14°	Zwölffingerdarm	
15°	Zwölffingerdarm	
16°	Zwölffingerdarm	
17°	Zwölffingerdarm	
18°	Zwölffingerdarm	
19°	Zwölffingerdarm	Verstopfung
20°	Zwölffingerdarm	Durchfall
21°	Zwölffingerdarm	
22°	Blinddarm	Blinddarmentzündung, Colitis
23°	Blinddarm	Blinddarmentzündung, Colitis
24°	Blinddarm	
25°	Blinddarm	
26°	Blinddarm	
27°	Blinddarm	
28°	Blinddarm	
29°	Blinddarm	
30°	Blinddarm	

Empfindlichkeiten und Allergiebereitschaft

1° – 4° Jungfrau
Unverträglichkeit von Lacken, Farben, Holzschutzmitteln und
Lackierungen, Konservierungsstoffen, Histaminen.

4° – 5° Jungfrau
Immunsystem reduziert, Überreaktion auf Medikamente, auch homöopathische Arzneien.

5° – 8° Jungfrau
Depressionsneigung, Stoffwechselstörungen, Hormondysregulation.

9° – 10° Jungfrau
Tendenz zu Nierenausscheidungsstörungen, Zystitiden.

15° – 18° Jungfrau
Unverträglichkeit von Teein, Koffein, Konservierungsstoffen, Röststoffen, Glutamat. Überreaktion auf Medikamente, Histamine. Allergien können sowohl Asthma als auch Motilitätsstörungen im Darm auslösen, auch chronische. Darmentzündungen, die oft nicht als solche erkannt werden. Selbst Depressionen können als Folge der Unverträglichkeiten auftreten.

19° – 20° Jungfrau
Perfektionismus kann zur Engstellung der Gefäße führen und zur Sauerstoffarmut des Organismus.

21° – 25° Jungfrau
Multiple Nahrungsmittelunverträglichkeiten, die gesamte «Milchschiene», Kuhmilcheiweiß, Eiklar, Knoblauch, Pfeffer, Pfefferminze, Zitrusfrüchte, Zwiebelgemüse, Milchzucker, Milchpulver. Chronische Darmstörungen wie entzündliche Erscheinungen bis hin zu chronischen Formen, Ileus, Subileus, Megacolon, Divertikel, Polypen. Speziell in Konjunktion mit Jupiter ganz klassisch eher eine Verstärkung der Tendenzen. Mit Neptun und Jupiter: eventuell Megacolon und Neigung zu Tumoren, auch kanzeröser Art.

Dies alles natürlich als Möglichkeit, aber Astrologen wissen ja darum, dass Anlagen sich nicht zwingend verwirklichen müssen. Ich stütze mich hier jedoch mit meinen Aussagen auf konkrete persönliche Beobachtungen, nicht auf astrologisch-theoretische Denkmodelle!

25° – 27° Jungfrau
Überreaktion auf Medikamente, speziell Aspirin, Antibiotika, Narkosemittel.

Ernährung

Eine große Bandbreite an Möglichkeiten bleibt oft bei den großen Nahrungsmittelunverträglichkeiten nicht. Leider wird ja wegen der sensiblen Bauchorgane wirklich nicht viel toleriert. So gibt es ganz explizit Nahrungsmittelunverträglichkeiten, die ich bei der Ausarbeitung der einzelnen Tierkreisgrade benannt habe. Unabhängig davon wird jedoch nichts Blähendes vertragen, was den Verzehr von ernährungsphysiologisch wertvollen Hülsenfrüchten schon fast unmöglich macht. Auch die meisten Kohlarten blähen, außer Chinakohl, der letztlich mehr ein Salat ist. Ein Zusatz von Kurkuma wirkt deutlich entlastend, auch Basilikum wirkt entblähend, ebenso wie Kümmel. Äpfel und Nüsse blähen, Weintrauben, wie grundsätzlich Obst, vor allem morgens auf nüchternen Magen, wird oft nicht vertragen. Rohkost ist für die empfindlichen Schleimhäute eine starke Herausforderung, ebenso wie grobe Körner in Brot oder Müsli. Vollkornbrot ist nicht automatisch an der groben Körnung zu erkennen! Auch feine Brotsorten können das volle Korn enthalten, nur sind diese dann eben fein gemahlen. Immer wertvoll ist das Grahambrot. Für Jungfrauen gilt: Warme Speisen sind bekömmlicher, ebenso warme Getränke. Da bietet sich eine Vielfalt köstlicher Möglichkeiten an. Gerade Tees sind wichtig. Jungfrauen lieben Suppen! Miso bietet sich dann als besonders bekömmliche Variante an, zum Würzen bitte Sojasoße nehmen. Sehr bekömmlich ist auch ein Zusatz von Lorbeer. Süßigkeiten dürfen schon mal sein, weißer Zucker allerdings wirkt sich nicht positiv auf die Darmzotten aus. Und wie wichtig ein gesunder Darm ist, sieht man schon daran, dass das sogenannte Glückshormon «Serotonin», wie wir heute wissen, im Darm mitgebildet wird.

Wunderbarerweise schenkt der Kosmos der Jungfrau nicht nur die Weisheit, sich auf Bedingungen einzustellen, sondern auch eine besondere Gabe, sich in alle Gebiete der Gesundheitsprophylaxe fast spielend einzuarbeiten.

Der Jungfrau entspricht astrologisch:

Fleisch: Hähnchen, Kaninchen, zarte weiße Fleischsorten

Fisch: Heilbutt, Jakobsmuschel, Seelachs, Seezunge, mehr weißer Fisch

Gemüse: Möhren, Teltower Rübchen, Mairübchen, Kartoffeln, Pilze, Kürbis, Rote Bete, Spargel, Chinakohl, Zucchini, Fenchel, Aubergine

Tees: Fencheltee, Kamille, Enzianwurzel, Grüner Tee, Kümmel. Vorsicht mit Yogitee, er enthält Pfeffer und Ingwer, beides ist nicht immer gut verträglich.

Körner: Mais, Reis, Hirse, Hafer

Milch: Tofu, Kokosmilch, Reismilch, Hafermilch

Gewürze: Fenchel, Kümmel, Kurkuma, Muskat, Majoran

Hilfreiche Elemente auf dem Weg zum Wohlbefinden

Homöopathie

Natrium muriaticum

Jungfrauen sind, wie Natrium muriaticum, das Salz der Erde, wie es so schön blumig heißt. Vom Persönlichkeitsbild her verschlossen, kritisch, hinterfragend, analytisch. Meist haben sie in der Kindheit den Vertrag mit sich gemacht, alles, aber auch wirklich alles selbst lösen zu müssen. Delegieren ist eine große Herausforderung, das betrifft natürlich auch das Delegieren gesundheitlicher Dinge. Deswegen sucht der Jungfrau-Patient in jedem Detail Aufklärung und echte Information. Leitsymptome sind: reagiert nicht positiv auf Trost, weint nicht in Gegenwart anderer, kann sogar versteinern, wenn das Weinen gar nicht mehr zugelassen wird. Öffnet sich erst nach langer Zeit des

Warmwerdens, vertraut seine Probleme nur zögernd dem Behandler an. (Typisch: Erst beim Rausgehen, die Türklinke schon in der Hand, kommt das eigentliche Problem zur Sprache.) Der Betroffene kann zweifelnd, erschöpft, ausgelaugt, dann auch fast abweisend wirkend. Aus letzterem Grund ist Natrium muriaticum häufig das Mittel, das bei Erschöpfungsphasen verordnet wird, wenn das Lebensfeuer schon gar nicht mehr richtig leuchten kann und der Mensch in sich erstarrt. Weitere Leitsymptome: Verlangen nach Salz (dann aber bitte Meersalz nehmen). Verschlechterung in Ruhe, besonders beim Niederlegen, obwohl Ruhe dringend gefordert wäre. Herzklopfen in Ruhe, Kopfschmerzen von Sonnenaufgang bis Sonnenuntergang, Allergien.

Lycopodium

Der stärkste Bezug dieses Mittels besteht zum Bauchraum. Aufgebläht, voll Gas, Unverträglichkeit von vielen Nahrungsmitteln, Schmerzen, Druckgefühl im Bauchraum. Gefühl eines Bandes um den Oberbauch! Verstopfung und Durchfall alternierend. Gastroenteritis (Magen-Darm-Grippe). Beschwerden nach Schock, Traumata, Schreck oder Enttäuschung. Druck- und Angstgefühl in der Magengrube. Hunger, aber nach wenigen Bissen satt, alles schmeckt bitter. Auf der Persönlichkeitsebene sind Lycopodium-Menschen ehrgeizig, beruflich erfolgreich, und Gefühle werden beherrscht. In der Außenwelt wird ein freundliches Gesicht gezeigt, Ärger wird aber nur zu Hause rausgelassen. Schulkinder, die schon in jungen Jahren eine Art Berufsstress entwickeln und deswegen vor Sorge um die Schule oder um die eigenen Leistungen nicht schlafen können, reagieren oft gut auf Lycopodium.

Causticum

Vorherrschend ist bei Causticum das starke Unrechtsbewusstsein, die Sorge um das Gleichgewicht der Welt. Das Gerechtigkeitsempfinden erstreckt sich nämlich auch auf Umweltschutz sowie Tier- und Artenschutz in jeder Weise. Leitsymptome: Depression, Verzagtheit, geistige Erschöpfung, Weinen angesichts der Grausamkeit der Welt. Dicker, aufgeblähter Bauch, krampfartige Bauchbeschwerden und Kopfschmerzen (Wühlen im Kopf). Wärme bessert. Der Betroffene ist kritisch, hinterfragend und argwöhnisch. Liebt verhangenes Wetter, auch Regen!

Chelidonium
Wirkt auf das Pfortadersystem, den Leber-Gallen-Bereich und die rechte Seite des Abdomens. Leitsymptome: Gelbfärbung von Haut und Skleren, Gallenprobleme, Schmerzen am unteren Winkel des rechten Schulterblattes. Niedergeschlagen, Gewissensangst, verstimmt nach falscher Nahrungsaufnahme. Abdomen empfindlich: Spasmen und Schmerzen, besonders im Oberbauch! Verstopfung und Durchfall alternierend. Verschlechterung: bei Bewegung, Wetterumschwung, 4 Uhr und 16 Uhr, bei Nordostwind.

Carbo vegetabilis
Abdomen exzessiv gebläht, aufgetrieben, schlimmer beim Niederlegen, eingeklemmte Blähungen, daraus resultierend Kopf- und Herzschmerzen, Roehmheld-Syndrom. Geringste Menge Essen bläht auf. Druck um die Taille unverträglich. Verschlechterung: bei Wärme, Schwelgerei, fetten Speisen, alkoholischen Getränken. Besser: nach Aufstoßen.

Argentum nitricum
Zwangsvorstellungen, Prüfungsangst, Angst, nicht zu genügen, nicht gut genug zu sein. Furcht vor Menschenmengen, vor Unheil, große Bedenklichkeit. Blähungen, Auftreibung des Abdomens. Verlangen nach Salz und Süßem, beides wird schlecht vertragen.

Cuprum metallicum
bei Leib- und Darmkrämpfen, mit Durchfällen.

Natrium sulfuricum
bei Durchfällen, besonders morgens.

Plumbum metallicum
bei Obstipation und totaler Untätigkeit des Darms.

Opium
bei Atonie des Darmes, Ileus.

Okoubaka
mildert die Reaktion auf unverträgliche Nahrungsmittel.

Nux vomica
bei Erbrechen, Blähungen, Aufstoßen, Beschwerden nach Klimawechsel und exzessiver Lebensweise.

Phytotherapie

Jungfrauen reagieren besonders gut auf Phytotherapie, die übrigens sehr wohl zumindest teilweise, ergänzend zur Homöopathie, gegeben werden kann. Da muss man differenzieren. Pfefferminztee z.B. geht natürlich nicht, wie auch alle ätherischen Öle, die die Homöopathie stören!

Mariendisteltee
das Leberentgiftungsmittel, auch als Tabletten.

Artischocke
fördert die Verdauung, die Enzymproduktion.

Basilikum
entbläht, entkrampft.

Kümmel
entbläht, entkrampft, fördert die Verdauung.

Oregano
entbläht und beruhigt den Darm.

Kerbel
entbläht, fördert die Verdauung.

Kamille
beruhigt, entkrampft.

Leinsamen geschrotet
fördert die Darmfunktion, entgiftet.

Indischer Flohsamen
reguliert die Darmperistaltik.

Heidelbeeren
hilft bei Durchfällen, wirkt antiseptisch.

Birkenkohle
ist hilfreich und entgiftend bei Durchfallerkrankung.

Kalmus
ein Bittermittel, regulierend bei Verstopfung.

Schüßler-Salze

Magnesium phosphoricum
bei Krämpfen, Spasmen, Tenesmen.

Natrium sulfuricum
entgiftet, wirkt sowohl bei Durchfall als auch bei Verstopfung
wohltuend.

Natrium muriaticum
reguliert den Flüssigkeitshaushalt des Organismus und ist hilfreich bei Obstipation.

Silicea
wirkt Übersäuerung entgegen, schenkt innere und äußere Struktur.

Arsenum jodatum
bei Schleimhautreizungen, besonders im Darm.

Bach-Blüten

Beech
für die manchmal kritische Jungfrau das erste Mittel der Wahl.
Beech hilft, weicher mit sich zu werden.

Larch
baut wieder ein adäquates Selbstwertgefühl auf.

Rock Water
bei Neigung, fast selbstkasteiend mit sich umzugehen, die Leistung über alles zu stellen.

Gorse
in Phasen tiefer Verzweiflung, wenn die Selbstausbeutung übertrieben wurde.

Australische Busch-Essenzen

Red Grevillae
wenn man sehr auf Kritik und Bedenken anderer reagiert. Hilft, bei sich zu bleiben.

Turkey Bush
bei mangelndem Glauben an die eigenen Fähigkeiten, löst schöpferische Blockaden.

Billy Goat Plum
fördert die Selbstliebe, auch die zum eigenen Körper. Das ist bei Darmbeschwerden manchmal ein Kernproblem!

Paw Paw
hilft bei der Verarbeitung von allem, was aufgenommen wird. Neuentscheidungen werden leichter getroffen.

Green-Essenz
die Reinigungsessenz, die Jungfrauen lieben und dem Darm gut tut.

Heilen mit Farben – auch in der Nahrung – und Edelsteinen

Die Farbe der Jungfrau ist Herbstgelb. Der Verdauungstrakt wird positiv durch Orangegelb beeinflusst. Auch gegen depressive Verstimmung wirkt Orangegelb Wunder. Rosa löst Spasmen!

Nahrung, die aufbaut und inspiriert, ohne Unruhe auszulösen, ist sattgelb, z.b. Mais, Kürbis, Spargel, gelbe Zucchini, Mango, Bananen, Gelbwurz, Safran, Curry, Vanille.

Die Edelsteine der Jungfrau sind das Tigerauge und der Bernstein. Speziell der Bernstein ist ein großer Heilstein und soll Allergien und Verkrampfungen im Bauchraum lindern.

Psychotherapie, Körperarbeit, Meditation

Yoga, vor allem *Hatha-Yoga*: Jungfrauen bringen oft unbewusste Erinnerungen an diese Körper-Seele-Arbeit aus früheren Leben mit.

Hara ist eine asiatische Übung, die über die Fähigkeit, den Schwerpunkt in die Tiefe des Bauchraumes zu verlagern, Standfestigkeit und Flexibilität zugleich schenkt. Den Bauch loszulassen müssen Westler meist wieder lernen. Auch das Bauchtuch der Japaner und Chinesen hat eine Schutzfunktion und hilft, das positive Chi dort zu bewahren.

Lehmpackungen nach Felke

Moorbehandlungen

Fasten, z.B. nach Franz-X.-Mayr. Doch Vorsicht! Es muss die modifizierte Methode, die ohne Milch auskommt, angewendet werden.

Fußreflexzonenmassage: für Jungfrauen oft eine Wohltat.

Kinesiologie: die Möglichkeit, Stress abzulösen und Allergien auszutesten.

AFT: Das Klopfen von Akupunkturpunkten in Verbindung mit Affirmationen hilft, negative Muster abzulösen.

Biodynamische Psychotherapie: Diese Körpertherapie setzt bei Verspannungen und Blockaden des Körpers an und therapiert auch die Seele.

Bauchtanz: Nichts lockert die Bauchmuskulatur, die Faszien und Bänder so wohltuend wie dieser Tanz. Auch bei Menstruationsbeschwerden hilfreich.

Meditation in der zen-buddhistischen Tradition. Das Zazen, auch die Achtsamkeitsübungen, das vollständig Im-Augenblick-Sein, ist Zen – und dies entspricht ganz und gar der Jungfrauenenergie.

Waage
24. September – 23. Oktober

Die Waage ist der Liebling der Götter und hat in diesem Leben nach Sicht spiritueller Lehrer eine Ruheinkarnation eingeplant. Nach meiner Erfahrung ist da zumindest etwas dran. Waage ist männlich, luftig, kardinal und das siebte Zeichen im Tierkreisreigen. Kein anderes Zeichen hat so viel beneidenswerte Leichtigkeit, so viel schöpferisches, kreatives Potenzial. Für die Waage gibt es in allem und jedem etwas Positives. Natürlich gibt es auch im Leben der Waage Herausforderungen, Prüfungen, Einschnitte und auch gesundheitliche Belastungen. Es gibt sogar eine besondere Schicksalsprägung: Bei keinem anderen Zeichen habe ich so häufig Kindheitsbelastungen gefunden. Ersatzkinder, die anstelle eines verstorbenen Kindes gezeugt wurden, Kinder, die bereits vor der Geburt, anonym, zur Adoption freigegeben wurden, auch dramatische Schicksale jeder Art, Gewalterfahrungen in ganz früher Kindheitsphase, besonders beim Waage-Aszendenten. Das ist nach meiner Erfahrung eine Auffälligkeit. Die Sichtweise der Waage ist jedoch häufig positiv gefärbt, egal, wie traumatisch die Kindheit erlebt werden musste. Und wie heißt es so schön: Nicht das Ereignis ist entscheidend, sondern das, was man daraus macht. Auffällig häufig erlebe ich, dass Waage-Menschen über ihre Traumata und Übergriffe berichten, als ob sie selbst dabei gar nicht anwesend gewesen wären. Ein wahrer Meister darin, das Leben von der schönen Seite zu sehen, den Genuss zu leben, ist die Waage ganz sicher. Es gibt in der Bibel im Buch Prediger eine ganze Abhandlung über das Genießen, über die Kostbarkeit dieser Gabe und die Erklärung, dass das Genießen ein Gottesgeschenk ist, das man wertschätzen soll. Die Waage sucht in diesem Leben Balance und Ausgleich. Dieses mitzubringen, als fertiges Geschenkpaket und Handwerkszeug, davon kann keine Rede sein. Ausgerichtet sein auf Dualität, das Gegenüber, sind der beherrschende Lebensinhalt, Aufgabe, Entwicklungschance und schmerzliche Erfahrung zugleich. Denn in dem Moment, in dem ich mich auf einen anderen beziehe – Beziehung impliziert dieses Geschehen –, werde ich berührbar, verwundbar und angreifbar. Die Crux der Waage ist ihr Bedürfnis, ihr Anspruch, niemanden zu benachteiligen, nichts zu bevorzugen. Das kann ein langes Abwägen werden, denn natürlich wird es in diesem Leben ganz ohne Abweisung nicht gehen. Charme, Diplomatie, die ganze Palette künstlerisch-kreativer Entfaltung sind der Waage mitgegeben. Dabei darf sie sich nicht in Oberflächlichem verlieren. Eine Herausforderung besonderer Art ist die Gefahr, zur Projektionsfläche für Impulse oder Gedanken anderer bis hin zu kollektiven Strömungen zu werden. Tatsächlich stimmt es, dass Beziehung das Beste oder Negativste in anderen und in uns selbst zum Vorschein bringen kann. Besonders behutsam muss deswegen die auf Polarität ausgerichtete Waage sein, um das passende, aufbauende Gegenüber und Umfeld zu wählen. Sie darf sich jedoch nicht durch das Ausgleichen und Syntheseherstellen selbst verlieren. Waage hat eine zutiefst spirituelle Dimension. Der Herrscher dieses Zeichens ist ja die Abendstern-Venus, die für die tiefe, erwachsene Liebe steht. Hier heißt es zu lieben, ohne etwas zu erwarten, einfach der absichtslosen Absicht, dem Wu-Wei folgend. Das ist eine wirkliche Aufgabe, die ein höheres Denken und Bewusstsein voraussetzt, das die Waage offensichtlich hat, sonst würde ihr kosmisch gesehen diese Lernerfahrung nicht zugewiesen und zugetraut.

Astromedizinische Gesichtspunkte

Wie die beiden Waagschalen des Zeichens Waage, so sind auch die Nieren, die der Waage astromedizinisch zugeordnet werden, paarig angelegt. Die Nieren haben viele Funktionen zu erfüllen, viele Aufgaben, z.B. die Ausscheidung der harnpflichtigen Stoffe und anderer Substanzen. Spirituell gesehen steht die Niere auch für die Reinigung nicht-stofflicher, nicht-physischer Substanzen. Nach Rudolf Steiner, dem Begründer der Anthroposophie, ist die Niere Hauptorgan des Astralkörpers, nach chinesischer Sicht Hauptorgan der Libido und Sitz von Zhi, dem Prinzip des Willens und der Absichten. Wenn in einer Beziehung, auch in allgemeiner Beziehung zum Umfeld, zu anderen, Probleme auftauchen, kann das die Nieren belasten. Menschliche Enttäuschungen gehen buchstäblich bei Waage-Menschen «an die Nieren», oftmals ganz real im Sinne von rasch einsetzenden Rückenschmerzen und aufsteigenden Entzündungen aus der Blase. Auch Stauungen können sich schnell aufbauen, wenn die Regulation des Wasser- und Säure-Basen-Gleichgewichts – ebenfalls eine Nierenaufgabe – ins Ungleichgewicht gerät. Die Niere produziert renale Hormone und kann einen renalen Hochdruck auslösen. Die Harnblase, die beiden Urether, gehören zum Nierensystem dazu. Häufige Blasenentzündungen haben nicht immer etwas mit Unterkühlung zu tun, sondern sind oft Ausdruck zwischenmenschlichen Stresses. Die allseits bekannte, zu Unrecht belächelte Honeymoonzystitis steht dafür, dass früher einige Frauen mit der Hochzeitsnacht eine Blasenentzündung bekamen. Allerdings reagieren auch heute noch Frauen auf Disharmonien oder Unvereinbarkeiten mit einer Zystitis. Das kann eine Form der Abwehr sein, weil der Partner unverträglich ist, das aber bewusstseinsmäßig nicht zugelassen wird. Da Partnerschaft, der Bezug zum Umfeld, ein dominantes Waagethema ist, ergeben sich auch die Erkrankungen aus dieser Themenstellung. Zunächst zählen natürlich alle Störungen, die zu den Nieren oder zur Blase gehören, dazu. Nierenentzündung, Pyelonephritis, Nephritis, Nephrose, Nierengrieß, Nierenstein, Uretheranomalien, Zysten in Niere und Blase, Tumoren. Die Haut als Abgrenzungsorgan nach außen ist bei Waage ebenfalls empfindlich. Hautirritationen zeigen, dass Ereignisse unter die Haut gehen oder die Ich-Grenze von andern nicht respektiert wird. Neurodermitis, Psoriasis, Warzen und Akne sind möglich. Wobei Psoriasis ja eine vermehrte Schuppenbildung darstellt, also ein Selbstversuch ist, die Abgrenzung nach außen dicker zu machen. Akne geht, wie fast jede Hautirritation, meist mit Nahrungsmittelunverträglichkeiten, aber auch mit hormonellen Veränderungen einher. Zusätzlich ist sie oft ein Ausdruck von Berührungsängsten, etwas, was andere – wie man unbewusst hofft – auf Abstand hält. Das Bewusstsein will natürlich etwas ganz anderes, das steht außer Frage.

Irisdiagnostisch sind bei der Waage sehr häufig eine Steinstraße im Nierensektor zu finden, Reiz- und Entzündungsfasern in diesem Bereich, Schleimflocken im Blasensektor. Übersäuerungsflocken, der geschlossene Hautring, als Zeichen dafür, dass über die Haut nicht genug entgiftet wird. Hier wirken Saunabesuche, Dauerduschen und ayurvedische Behandlungen förmlich Wunder. Zu Ayurveda hat die Waage ohnehin einen starken Bezug. Das ist die Therapie, die mit Vorliebe gewählt wird und übrigens auch einen extrem positiven Heilungsreiz auslöst. Nierenschwellungen, besonders die sogenannte Nierenbutter (kleine säckchenartige Schwellungen im inneren, oberen Augenwinkel) sind bei akuten Beschwerden sichtbar und ein Anzeichen für mangelhafte Ausscheidung. Zuspruch wirkt bei der Waage ebenfalls extrem positiv. Ich erlebe Waage-Patienten als sehr offen, bereit sich einzulassen, wirklich kooperativ, allerdings nach geringster Besserung auch wieder leichtsinnig. «Ist ja bereits alles wieder im Lot, wozu sich noch weiter mit der Krankheit, dem Körper-Seele-Geist-Gleichgewicht befassen?»

Wie geht denn nun die Waage mit Erkrankungen und körperlichem Unwohlsein um? Auf alle Fälle erst mal mit Ignorieren.

Allein die Vorstellung, eine Weile aus der Begegnung mit anderen herausgenommen zu sein, an der Faszination des Lebens nicht mehr teilzuhaben, lässt große Ängste aufkommen. Die Waage hat ohnehin starke Befürchtungen, das Leben könnte mit klingendem Spiel an ihr vorbeiziehen. Krankheit oder Rückzug würden das ja geradezu implizieren. Ganz klar, die Waage gibt sich Krankheit nicht hin, ist aber ganz sicher dazu bereit, etwas für eine schnelle Genesung zu unternehmen. Gerade das Nieren-Blasen-System reagiert sehr gut auf Wärme, Ruhe, Schonung und viel warme Flüssigkeiten, die man ja ohnehin besser zu Hause in Ruhe zum Durchspülen des Körpers einsetzen kann. Warme Auflagen und Fußbäder, diese vielleicht sogar ansteigend nach Kneipp, wirken auch wunderbar. Die gute Wärmflasche bringt gerade bei Blasenbrennen eine sofortige Besserung. Schlaf stärkt die Abwehrkräfte und schenkt dem Körper die Möglichkeit, sich ganz auf das Heilungsgeschehen zu konzentrieren. Bäder mit Aroma-Blütenessenzen, auch mit Schmierseife, die unglaublich stimulierend auf das Immunsystem wirkt, runden die Möglichkeiten ab. Waagen lieben Bäder, ebenso Besuch. Krankenvisiten von Freunden begünstigen die Heilungsprozesse ebenso wie Ablenkung, z.B. über schöne Musik und Bücher oder Fernsehen.

Waage – anatomische Entsprechung der Tierkreisgrade

Einteilung nach Ebertin	
1°	Nierenbecken
2°	Rindensubstanz
3°	Nebennieren (Abszesse)
4°	Nierenoberflächen (Kropf)
5°	Nierenpyramiden

Einteilung nach Ebertin	
6°	Schambein
7°	Nervensystem der Nieren und des Nierenbeckens (Gelbsucht)
8°	Nervensystem der Nieren und des Nierenbeckens
9°	Nervensystem der Nieren und des Nierenbeckens
10°	Nervensystem der Nieren und des Nierenbeckens
11°	Nervensystem der Nieren und des Nierenbeckens
12°	linkes Nierensystem
13°	rechtes Nierensystem
14°	linke Leistendrüsen
15°	rechte Leistendrüsen (Schlaganfälle)
16°	Nierenarterien
17°	Nebennierenarterien
18°	Fettkapsel der Nieren
19°	großer Nierenkelch
20°	kleiner Nierenkelch
21°	Nierenpforte
22°	Nierennerven
23°	Nebennierenvenen
24°	Blutgefäße in der Rindensubstanz
25°	Blutgefäße in der Rindensubstanz
26°	Gefäßsystem der Haut (Schwindsucht)
27°	Gefäßsystem der Haut (Schwindsucht)
28°	Harnblase (Haare)
29°	rechter Harnleiter (Bronchitis)
30°	linker Harnleiter

Einteilung nach Wemyss		
Widder/Waage		
Grad	anatomische Entsprechung	pathologische Entsprechung
0°	Schädel	Amputation
1°	Schädel	
2°	Schädel	Asthma, Krämpfe
3°	Schädel	
4°	Stirn	Muskelzerrungen, Unfälle
5°	Stirn	Schnittwunden
6°	Stirn	Prellungen, Kratzwunden, Stiche
7°	Zähne	Polypen
8°	Nase	Prellungen, Verbrennungen
9°	Nase	Verbrennungen und Brandblasen
10°	Nase	Heufieber, Verbrennungen
11°	Nase	Diphtherie
12°	Nase	
13°	Augen	Lebensmittelvergiftung, Alkoholismus
14°	Augen	grauer Star, Fresssucht
15°	Zone unter den Augen	
16°	Zone unter den Augen	
17°	Wangen, Ohren	Selbstmord, Asthma
18°	Wangen, Ohren	
19°	Blase	Blasenkrankheiten
20°	Blase	
21°	Blase	
22°	Blase	Tuberkulose

Einteilung nach Wemyss		
23°	Blase	Tuberkulose
24°	Blase	
25°	Mund	
26°	Mund	Karbunkel
27°	Kinn	Abszesse
28°	Kinn	
29°	Halsansatz	Schlaganfälle

Empfindlichkeiten und Allergiebereitschaft

1° – 2° Waage
Unentschiedenheit, Stimmungswechsel, auch ins Depressive gehend. Zystenbildung in weiblicher Brust. Tendenz zu Essstörungen, Tendenz zu Schleimhautreizungen, speziell im Blase-Nieren-System und den Nasennebenhöhlen. Singulus durch gestörte Darmperistaltik. Stoffwechselstörungen, auch Essstörungen.

3° – 5° Waage
Lymphstauungen, Überempfindlichkeit auf Medikamente, Alkohol, Raum- und Wohngifte, geopathische Störfelder.

5° – 7° Waage
Magnesiummangel, Krampfneigung, Schilddrüsendysregulation.

8° – 10° Waage
Konfliktscheu, deswegen Neigung zu autoaggressiven Erkrankungen, auch Nierensteine.

14° – 16° Waage
Tendenz zu Schleimhautirritationen, besonders Zystenbildung

in weiblicher Brust, Myome im Uterus, Endometriose, Zystitiden, Ovarialzysten.

19° – 22° Waage
Starke Reaktion auf Spannungen im Zwischenmenschlichen.
Schilddrüsendysregulation, Depressionen, Nierensteine.

20° – 22° Waage
Honeymoonzystitis, Reaktionen im Urogenital-Bereich auf Unvereinbarkeiten mit dem Partner. Schleimhautirritationen.

23° – 24° Waage
Tendenz zu autoaggressivem Verhalten und entsprechenden
Krankheiten, besonders Nierensteinbildung, renaler Hochdruck.
Phaeochromozytom.

27° – 29° Waage
Magenempfindlichkeit, Unverträglichkeit von Fett und säure-
haltigen Nahrungsmitteln (Obstsäure, Essig). Tendenz zu Reizdarm und Krampfneigung. Nahrungsmittelunverträglichkeiten
können Essstörungen auslösen.

Ernährung

Waage-Menschen sind Genießer, ein wunderbares Privileg, das
eigentlich davor bewahrt, zu einseitig und ohne das rechte Bewusstsein zu essen. Und meist auch davor, zu viel zu essen,
denn jeden Bissen wirklich sinnlich wahrzunehmen, ist die Voraussetzung dafür, das Sättigungsgefühl nicht zu ignorieren. Eine
köstliche Ernährung kann Labsal für Körper und Seele sein. Ein
fanatischer Gesundheits- und Ernährungsapostel ist die Waage
jedoch ganz sicher nicht. Wie Italien das Land der Waage ist, so
ist auch die italienische Küche meist der Favorit im Bereich Ernährung. Eine gute Wahl, denn diese Küche ist hervorragend,
um die Gesundheit zu stabilisieren und die Vitalität zu fördern.
Fisch, Salat, Gemüse, Kräuter, frische Zutaten, alles naturbelas-

sen, mit Meersalz und etwas Zitrone, ein wenig kalt gepresstem Olivenöl, das ist die wahre Kunst des Kochens, zumal hier eigentlich alle Nährstoffe enthalten sind, die der Organismus benötigt und gut verwerten kann. Waage-Menschen achten auf Qualität, deswegen bevorzugen sie bei Olivenölen die Jungfernpressung und benutzen Balsamico-, Reis-, oder Perlgerstenessig, weil diese Sorten weich sind. Auch die Schleimhäute der Waage sind empfindlich, zu starke Säuren bekommen also nicht. Gemüse sollte nicht zu kurz kommen. Ob Brokkoli, Zucchini, Auberginen, Bohnen, in Wasser gegart, vielleicht mit einem Schuss Olivenöl abgerundet oder etwas Parmesan bestreut, das ist federleichte Ernährung, so wie es die Waage liebt und braucht. Auf entwässernde Kost (Spargel, Reis, Kartoffeln) sollte die Waage Wert legen.

Ganz wichtig sind Getränke: viel mineralstoffarmes Wasser, Tees (schwarz, grün, Rooibos, Jasmintee), mal ein Altbier, denn das ist wie ein warmer Regen für die Nieren. Salz sollte wirklich in homöopathischen Mengen verabreicht werden und natürlich Meersalz sein.

Dem Waagetemperament entspricht:

Fleisch: Kaninchen, Hühnchen, Pute, Lamm, Ziege, Fasan
Fisch: Fast alle Fischsorten, besonders Seefische und Meerestiere (Pulpo, Scampi, Hummer)
Gemüse: Avocado, Artischocke, Pilze, Spargel, Kartoffeln, Bataten, Frühlingszwiebeln, Tomaten, Brokkoli, Spinat
Obst: Satsuma, Aprikose, Ananas, Melone, Gurke, Kaki, Mango, Papaya
Getreide: Weizen, Amaranth, Hirse, Reis

Hilfreiche Elemente auf dem Weg zum Wohlbefinden

Homöopathie

Staphisagria

Ein homöopathisches Mittel, das sowohl ein starkes Gerechtigkeitsempfinden hat wie auch eine sehr erspürende, ausgleichen-
de Seite, ist Staphisagria. Ich wähle es als Waage-Entsprechung,
weil Staphisagria einen starken Harmonieanspruch hat, wie die
Waage, und deswegen Ärger sowie heftige Impulse reflektorisch
unterdrückt. Da staut sich eine Menge Aggression auf, und diese kann sowohl im Seelischen wie im Körperlichen Probleme
bereiten. Wenn die Wut zwar gespürt, aber zurückgehalten wird
um des lieben Friedens willen oder um ein ideales Bild von
Beziehung oder von sich selbst nicht zu zerstören, dann bleiben
diese Emotionen auf irgendeiner Körperebene stecken. Der Ge-
mütszustand, der den Nieren und dem Organsystem der Waage
zugeordnet ist, ist die Angst! Staphisagria hat oft Angst und Wut
zugleich. Angst vor allem davor, seine Impulse zu leben. Staphisagria hilft, sich in gesunder Weise zu entrüsten, Zorn zuzulassen, Gefühle nicht wegzudrücken. Und Staphisagria ist auch
häufig das Mittel, wenn es um frühkindliche Traumata geht! Bei
Staphisagria gibt es sowohl die rebellische, die sanfte als auch
die extrem künstlerische Variante. Ein vielfältiges Mittel! Leitsymptome sind: inneres Zittern bei unterdrückter Wut. Gemütsbewegungen verkümmern nach Schreck, Schock oder Streit.
Blasenentzündungen, die nach sexuellen Kontakten aufflackern.
Bei Stich- und Schnittverletzungen, auch Insektenstichen. Reizbar, auch nach eingebildeten Kränkungen. Verlangt nach Dingen, die, sobald man sie bekommen hat, nicht mehr interessieren.

Dulcamara

Das Blasenmittel, wenn die Entzündungen durch Kälte und
Nässe verursacht wurden. Jede Art von Verkühlung verschlim-
mert, auch kalte Getränke, feuchte Böden oder Wohnungen.

Hauterscheinungen – auch ein Waageleiden –, die durch Verdrängungen von Problemen stärker aufflackern, auch als Folge unterdrückter Ausscheidungsprozesse. Das gilt auch für unterdrückten Schweiß. Die Folge von Unterdrückung ist ein wichtiges homöopathisches Symptom. Homöopathen lieben es deswegen nicht, wenn ein Antiperspirant benutzt wird, es verhindert die Schweißsekretion. Ganz sicher aber ist es in jeder Weise schädlich, mal eben kurzerhand die Periode mit entsprechenden Hormongaben zu verschieben, nur weil momentan ein Urlaub oder Ähnliches ansteht. Auch das entspricht der Unterdrückung. Ohnehin: Hormonstörungen und ein Hormonungleichgewicht können ein starkes psychologisches Ungleichgewicht auslösen und mit echten Ängsten und Depressionen einhergehen.

Cuprum metallicum
Cuprum ist ein Mittel, das vorzugsweise verabreicht wird, wenn Krankheitszustände «nach innen schlagen» oder Absonderungen und Ausschläge unterdrückt werden, wie zum Beispiel Letztere durch Cortisongaben. Es besteht dabei immer die Gefahr, dass Depressionen anstelle der Hautirritationen auftreten oder der Organismus einen anderen Weg sucht, z.B. eine Blasenentzündung, um sich zu entlasten. Auf der geistigen Ebene finden wir hier Unruhe, Rastlosigkeit, Weinen, abwechselnd mit Lachen. Wutanfälle. Ein Schlüsselsymptom sind die Hautausschläge, gelb, schuppig, Psoriasis. Ebenso starke Krampfneigung, auch bei Erkrankungen der Harnwege.

Calcium phosphoricum
Leitsymptome: vermehrter Abgang von Harn bei Abgespanntsein und Erschöpfung. Schmerz in der Nierengegend, der Blase, schlimmer nach Blasenentleerung. Sensibel, visionär, einfühlend, harmoniebedürftig und ausgleichend, zugewandt. Aber auch schlaflos, unruhig, viele Ideen und Pläne treiben um. Stark auf Zukunft ausgerichtet.

Gelsemium
Ein Mittel, das bei Harninkontinenz wohltuend wirkt. Leitsymptome: Prüfungsangst, Angst, nicht gut vorbereitet oder den Anforderungen nicht gewachsen zu sein. Häufiges Wasserlassen vor Prüfungen. Die Beschwerden bessern sich durch Ablenkung (das ist Waage-Strategie), durch Bewegung und Wasserlassen, Letzteres bezieht sich besonders auf Zustände von Anspannung und Schlafstörungen. Gemütsbewegungen verstärken die Beschwerden.

Viola tricolor
Das bildschöne Stiefmütterchen ist das Waagemittel, das insbesondere die Hauterscheinungen bessert. Leitsymptom: Ausschlag mit Jucken, Haut und Kopfhaut betroffen. Kombination von Harnwegsleiden und Hautirritationen.

Sabina
Das probate Mittel bei Blasenreizung mit gichtiger Diathese. Blutiger Urin, viel Harndrang, klopfender und brennender Schmerz sind die Leitsymptome.

Urtica urens
Urtica ist ein wunderbares Mittel bei Hauterscheinungen und zum Durchspülen von Niere und Blase. Es entgiftet und sorgt für eine bessere Diathese.

Berberis
Berberis wird bei Schmerzen in Nieren und Harnwegen eingesetzt. Bei Nierenkoliken, Brennen, Zerschlagenheitsschmerz. Leitsymptome: Gefühl, als wenn die Blase sich nicht richtig entleert und immer etwas Urin zurückbleibt. Schmerz geht von der Niere zur Blase, also nach unten.

Phytotherapie

Folia uvae ursi (Bärentraubenblättertee)
das ideale Mittel, welches Blasenentzündung und Harnverhaltung mit Brennen therapiert.

Zinnkraut
bei Harnverhaltung, zur Diureseverbesserung.

Birkenblätter
für eine bessere Diurese, desinfizierend.

Preiselbeersaft (inzwischen auch als Tabletten erhältlich) Preiselbeeren verhindern, dass bakterielle Entzündungen in der Blase entstehen.

Spargelsaft
entwässert zuverlässig und weich.

Kartoffelwasser
wirkt ausscheidungsfördernd.

Radix levisticum (Maggikraut)
ist das Nierentherapeutikum, das sowohl entzündungshemmend als auch entwässernd wirkt.

Goldrute
entkrampft, entwässert, entstaut.

Hirtentäschel
wirkt lindernd bei Blasenentzündungen.

Schüßler-Salze

Ferrum phosphoricum
hat sich als Entzündungsmittel des ersten Stadiums einen Ruf gemacht. Also sofort einnehmen bei den ersten Anzeichen einer Entzündung.

Calcium sulfuricum
löst Blockaden jeder Art.

Kalium arsenicosum
bei Schleimhautentzündungen, vernehmlich in Niere und Blase.

Kalium-Aluminium sulfuricum
ein großes Salz bei Entzündungen der Schleimhaut, die mit einer Tendenz zur Blutungsneigung einhergehen.

Bach-Blüten

Agrimony
die ideale Blüte, hilft Verdrängungsmechanismen sanft zu reduzieren.

Cerato
bei zu ausgeprägter Ausrichtung auf das Du, die Begegnung, mit Tendenz, sich darin zu verlieren.

Gentian
gibt Standfestigkeit, wenn das Leben nicht nur mit Erfolgen verwöhnt.

Scleranthus
bei Entscheidungsqualen, wenn das Gefühl, allem und allen gerecht werden zu müssen, zunimmt.

Wild Oat
In Zeiten des Ideenüberflusses ist diese Blüte hilfreich, Struktur aufzubauen und einem Konzept zu folgen.

Australische Busch-Essenzen

Illawara Flame Tree
verbessert die Beziehungsfähigkeit, hilft, sich einzulassen und doch bei sich zu bleiben.

Peach Flower Pea Tree
bei Stimmungsschwankung, fördert die gefühlsmäßige Balance.

Silver Princess
stärkt die Entschlossenheit, motiviert und zielgerichtet vorzugehen.

Sturt Dessert Rose
hilft sich selbst gegenüber ehrlich zu sein und ist hilfreich, Projektionen von anderen abzuwehren.

Heartsong Essence
löst Kreativitätsblockaden, hilft, sich in jeder Weise liebevoll anzunehmen, öffnet das Herz.

Heilen mit Farben – auch in der Nahrung – und Edelsteinen

Die Farbe der Waage ist Hellblau, Taubenblau. Euphorisierend aber wirkt auf die Waage ein luftiges Gelb. Da speziell die Waage ein ausgeprägtes Gefühl für Farben, Ästhetik und Harmonie hat, braucht sie eine gesunde Balance aus allen Farben in ihrem Leben. So auch in der Nahrung: Grün, Gelb, Rot, Orange, Violett. Jede Farbe schmeichelt einem Seelenzustand der Psyche. Ausgewogenheit bei der Komposition dieser Farben, auch der Geschmacksgruppen, wie Bitter, Salzig, Süß, Sauer und Scharf, sind für die Waage wichtig.

Der Stein der Waage ist der Rosenquarz. Er stärkt die geistige Klarheit. Nach Hildegard von Bingen ist der Peridot der Waage-Stein. Ein bildschöner Stein, der die Lebensfreude der Waage stimuliert und erhält.

Psychotherapie, Körperarbeit, Meditation

Alle Therapien, die das Balancegefühl stärken, sind für Waage-Menschen hilfreich.

Schwedische Massage ist eine sanfte, tief wirkende Massage, ein bewusstes Einsetzen heilender Hände und harmonisierender Energien.

Polarity-Massage: die Polaritäten, Yin und Yang auszugleichen, das ist der Gedanke, der hier umgesetzt wird.

Ayurvedische Therapie: Waagen sprechen ganz besonders auf die indischen Heilweisen an. Ob Stirnguss, 4-Hand-Synchron-massage, Pancha Karma, die Ernährung nach den Elementen, es wirkt zutiefst vitalisierend und heilend.

Musik-Tanz-Therapie: Das ist bei dem kreativen Potenzial der Waage eine sehr beliebte Variante, die Seelen-Körper-Harmonie wieder zu stabilisieren.

Jin Shin Jyutsu: Das Strömen, das wie der Begriff schon verrät, eine Energiearbeit darstellt. Das Auflegen der Hände bewirkt hier Heilung und löst Blockaden und Ungleichgewichte.

Kundalini-Yoga, begleitet mit Singen und Rezitieren von Mant-ras, spricht den inneren Heiler der Waage an.

Psychotherapien sind nicht sofort ein Liebling der Waage, denn nicht immer ist das Aufarbeiten von alten Schmerzen von ihr erwünscht. Behutsamkeit ist hier die allererste Voraussetzung. «Nie weiter aufdecken als erwünscht», ist mehr denn je die erste Therapiemaxime.

Gestalt- und Maltherapie: Da wird die Waage sofort zustimmen, denn über bildliche Darstellung gibt die Seele nur preis, was der Mensch, das Bewusste, auch aushalten kann. Außerdem spricht es die kreative Seite der Waage aufs Schönste an. Das Malen von Bäumen ist zwar eine gelenkte Maltherapie, aber eine tiefe psychologische Arbeit, die große Heilungsimpulse freisetzt.

Gruppentherapie: Da die Waage die Spiegelung im anderen braucht, ist diese Therapieform besonders effektiv. Elemente von Rollenspiel entsprechen der Waage besonders, weil sie ihre schauspielerische Begabung darin gut einbringen kann.

Kalligrafie: Über diese kreative Arbeit ist Loslassen, ein tiefes Entspannen, möglich.

Hieroglyphenmalen: Auch hier: Selbsterkennung über Malen von ägyptischen Schriftzeichen. Die Waage hat meiner Meinung nach einen besonderen karmischen Bezug zu Altägypten, zu seiner Geschichte und Tradition.

Ikebana: Die Kunst, Blumen zu stecken und eine Art Gemälde daraus zu gestalten, ist nicht nur Kunst, sondern ganz tiefes Einlassen, auch ins eigene Selbst.

Skorpion
24. Oktober – 22. November

Skorpion ist ein männliches Zeichen und zutiefst karmisch. Häutung, Transformation, ein Crashprogramm an Entwicklung in ein Leben hineinzupressen ist nicht nur Anspruch, sondern gelebte Realität. Skorpion steht im 8. Haus des Horoskopmandalas, ist fix und dem Wasserelement zugeordnet. Viele Leben in ein Leben hineinzupacken, das stimmt bei Skorpionen deswegen, weil sie sich auch nach Krisen und stärksten Zäsuren immer wieder neu erschaffen und wie Phönix aus der Asche zu neuem Glanz finden. Sie weichen Schmerz nicht aus, weder auf der seelischen, der körperlichen noch auf der Beziehungsebene. Die tiefe Wandlungskraft der Skorpione geht sowohl mit enormen Selbstheilungskräften als auch selbstzerstörerischen Anteilen einher. Lebenslust, Lebensliebe und phasenweise auftretende Vernichtungsängste, ja vielleicht sogar Todessehnsucht, Skorpione kennen die ganze Bandbreite dieser Empfindungen. Die Intensität im Fühlen erfordert ein starkes Herz, Mut und Durchhaltevermögen. Er hat das Bedürfnis, in die Tiefe jedes Ereignisses, Geschehens und Empfindens vorzudringen, ist nicht nur unerschrocken, sondern besitzt auch die Fähigkeit, sich mit dem Schatten auseinanderzusetzen, dem andere gerne ausweichen. Skorpione weichen nicht aus, auch nicht zurück, wenn die Grenze erreicht ist, hinter der die Dämonen hausen. Seine tiefe Seelenkraft prädestiniert zur Seelenarbeit, auch bei sich selbst. Einen besonderen Bezug hat der Skorpion zum Tibetischen Buddhismus. Der höhere Geist dieses Weges, die Wiedergeburt, ist ihm zutiefst zu eigen. Meiner Empfindung nach haben Skorpione viele Inkarnationen in der tibetischen Tradition absolviert. Auch die Lehre – besser die Essenz der Lehre – Buddhas, die besagt, dass alles Leid vom Haften kommt, hat viel mit Skorpion-Energie zu tun. Bei Kindern mit einer sogenannten Schreib-Lese-Schwäche habe ich Hinweise im Horoskop gefunden, dass sie in früheren Leben von rechts nach links, wie zum Beispiel die Tibeter, geschrieben haben und jetzt auch in diesem Leben noch nach diesem Prinzip vorgehen. Es erfordert eine hohe Intelligenz, erst von rechts zu lesen, dann gedanklich umzuprogrammieren und von links nach rechts das Wort aufzubauen. Häufig sind es hochbegabte Kinder, insbesondere die sogenannten Indigo-Kinder, die diese Besonderheit aufzeigen. Es gibt in Deutschland das «Blicklabor», das sich auf die Aufgabe spezialisiert hat, mit diesen Kindern zu arbeiten, um das Gehirn sanft umzuprogrammieren. Skorpione sind zutiefst willensstark und leidenschaftlich, wobei Leidenschaft, Erotik sowie Sexualität eine starke Regeneration bei ihnen darstellt. Die Sexualenergie ist göttlich, Skorpione wissen das instinktiv. Im Christentum ist es nicht immer so einfach, Sexualität – vor allem eine starke – schuldfrei zu genießen. Zu Schuldgefühlen neigt der Skorpion archetypisch besonders stark. Deswegen ist es sicher entlastend für ihn, zu sehen, wie positiv die sexuelle Energie in anderen Weltreligionen, wie beispielsweise im Hinduismus oder in der jüdischen Kultur, betrachtet wird. Der Skorpion hat suggestive Kräfte – manche bezeichnen ihn als Seelenfänger –, mit denen er sehr behutsam umgehen muss; das ist Teil seiner karmischen Aufgabe. Die Auseinandersetzung mit Werden und Vergehen, Zeugung, Geburt, Inkarnation und Exkarnation ebenfalls.

Astromedizinische Gesichtspunkte

Astromedizinisch gesehen gehören die Zeugungs- und Sexual-
organe zum Skorpion dazu. Die Geschlechtsorgane, Gebärmut-
ter, Ovarien, Eileiter, Hoden, Samenleiter, Prostata, die Harnröh-
re (nicht zu verwechseln mit den Harnleitern, den Urethern),
die Leisten, der Mastdarm und der Anus (Schließmuskel). Die
Gene sind dem Skorpion ebenso zugeordnet wie der Blutkreislauf mit einer Tendenz zur Gefäßbelastung und Bluthochdruck.
Letzterer entsteht oft gerade durch die Intensität, mit der Skorpione in das Leben hineingreifen. Ebenso haben sie eine gewisse Tendenz zu Exzessen und essen, trinken, arbeiten, lieben
ohne Maß und Innehalten, das wirkt sich gefäßbelastend aus.
«Alles oder nichts» ist tatsächlich ein Skorpion-Motto, das eben
nicht immer so gesundheitszuträglich ist. Polypen, gutartige
Zysten und Neubildungen (Tumoren) sind Plutoentsprechun-
gen und damit Skorpionerkrankungen. Schwere Migräne und
Durchblutungsstörungen, besonders im Kopf, ebenso. Depressionen sind Skorpionen nicht fremd und können mit schweren
Vernichtungsgefühlen einhergehen. So sind extreme Schuldgefühle ebenso eine Art der Depression. Auch Hauterscheinungen
treten auf, gehäuft sogar um den After herum. Warzen und Hämorrhoiden sind ebenfalls häufig zu beobachten.

Irisdiagnostisch finden wir in den Iriden das dunkle Irisblatt als
Entsprechung einer Eindickung der Säfte; eine aufsteigende
Transversale zum Herzen als Ausdruck starken Engagements,
das die Gefäße angreift und eng stellt, sowie ein abgedunkeltes
Kopffeld als Anzeichen für Depressionen. Solarstrahlen als Hinweis auf Durchblutungsstörungen im Kopf sind ebenfalls eine
Tendenz der Skorpione. So auch ein Apoplektikerring als Zeichen einer Gefäßbelastung mit Bluthochdruck; Schwächelakunen in den Organsektoren Uterus, Ovarien und Hoden. Verschmierungen im Darmbereich und im Irisstroma als Ausdruck
einer Dyskrasie; dies sind Zeichen einer fehlerhaften Säftemi-

schung. Das alles kann zu finden sein, muss aber natürlich nicht, sondern ist nur im Falle einer manifesten Krankheitsbereitschaft vorhanden. Die verschmierte, überlagerte Krause kommt dann ins Bild, wenn zu ungesund gelebt wird oder wurde, wenn Raubbau betrieben wurde mit ungesundem Ess- und Trinkverhalten. Zwar haben Skorpione, dieses machtvolle Zeichen, autoaggressive Anteile, aber auch eine große Kraft, sich davon wieder zu lösen. Es gibt ja das Thema Alkoholabusus, das bei allen Zeichen möglich ist. Wenn es bei Skorpionen auftritt, dann häufig unter dem Aspekt, dass ein zu starker Anspruch, ein zu unbedingter Macht- und Ehrgeiztrieb vorhanden sind und sich verselbstständigen. Die Willenskraft, auch im Sinne von Zwang und Kontrolle, ist dann so enorm, dass sie ohne gewisse Hilfsmaßnahmen nicht wieder herunterzufahren ist. Alkohol ist hier, so paradox es klingt, erst einmal eine Art Selbstheilungsversuch, sich wieder zu entspannen. Das geht natürlich nicht gut. Meditation, z.B. die Vipassana-Meditation aus dem Buddhismus, wäre der Königsweg, der übrigens sehr häufig von Skorpionen gewählt wird.

Wie verhält sich der Skorpion als Patient oder im Krankheitsfall? Das kommt ganz auf den Entwicklungsstand an. So willensstarke, kraftvolle Menschen werden, zumindest in jungen Jahren, ganz sicher nicht freiwillig in Krankheit einwilligen, auch dann nicht, wenn sie alte Seelen sind. In der spirituellen Astrologie unterscheidet man Skorpione nach drei Seelenreifegraden: der Skorpion als Schlange, im unbewussten, jungen, impulsiven, triebhaften Zustand; der Skorpion als Adler, der seine Stärke kennt, bewusst mit ihr umgeht und sie zum Wohle aller, auch seiner selbst, einsetzt; und der Skorpion als Phönix, der über sich selbst hinausgewachsen ist und begnadeter Heiler, Mystiker, Helfer, Schamane ist und seinen Geist (Spirit), sein Denken und Wollen im Einklang mit kosmischen Gesetzen fließen lässt. Das dritte Stadium ist sicher ein sehr privilegierter Zustand. Aber Skorpione machen enorme Wandlungsphasen durch und können sehr wohl von einem Saulus zu einem Paulus reifen. Die Lebenskraft des Skorpions ist intensiv, sie hält auch Phasen starker Selbstausbeutung eine Weile aus. Und regeneriert sich! Die Skorpione, die alternative Heilansätze suchen, sind bereit, den Weg mit aller Kraft zu gehen. Eine besondere Affinität besteht zur Homöopathie, und da zu einem sehr puristischen, klaren Weg. Strikte Regeln werden eingehalten, kein Tee, kein Kaffee, eine mentholfreie Zahnpasta, kein Parfüm, keine störenden Einflüsse. Auch die tibetische Medizin, die ja bei uns an Bekanntheit gewinnt, erfreut sich bei Skorpionen großer Beliebtheit. Ebenso für die Hypnotherapie, die sowohl als Psychotherapie als auch zur Arbeit am Körper im Sinne von heilenden Körperreisen eingesetzt werden kann, ist der Skorpion offen; und da er über starke mentale Kräfte verfügt, auch für mentales Heilen. Letzteres wird bei uns in Deutschland von einigen Menschen gerne belächelt. In Großbritannien aber ist mentales Heilen eine anerkannte, geschätzte und ins normale Gesundheitssystem eingebundene Therapieform. Wer den Geist gezielt und gerichtet einsetzen kann, ist auch für Affirmationen offen, die eine enorme Heilenergie freisetzen. Glaubenssysteme steuern die Heilung, denn Glaube versetzt wahrlich Berge. Diese Weisheit ist eigentlich in allen Religionen angelegt. Die Heilkraft, die aus dem Sich-Anschließen an einen höheren Bewusstseinsstrom entsteht, muss nur immer wieder bewusst aktiviert werden. Gerade Skorpione haben ein unglaubliches Heilungspotenzial und eine enorme Bandbreite an Möglichkeiten zur Verfügung. Ist der Skorpion erst einmal mit diesem Wissen befasst, gibt es eigentlich kein Halten mehr. Es entsteht eine Eigendynamik, sich mit alternativen, ungewöhnlichen Therapien zu befassen und akribisch zu ergründen, was dahinter steht. Ein kritischer Geist bewahrt Skorpione davor, falschen Propheten zu folgen, und davor, Medikamente zu konsumieren, ohne nach Risiken und Nebenwirkungen zu forschen. Etwas schwieriger wird es, Skorpione für einen anderen Lebensrhythmus zu gewinnen. Zu einer gewissen Statik in ihrem Verhalten neigen sie archetypisch. Aber Überzeugungsarbeit lohnt sich! Meditative Bewegungsformen entsprechen der Skorpion-Charakteristik, z.B. Qi Gong und Kendo.

Skorpion – anatomische Entsprechung der Tierkreisgrade

Einteilung nach Ebertin	
1°	Harnröhre
2°	Harnröhrenmündung
3°	Prostata, Uterus
4°	Hoden / Gebärmutter rechts
5°	Hoden / Gebärmutter links
6°	rechter Nebenhoden / Gebärmutterhöhle
7°	linker Nebenhoden / Eileiter rechts
8°	Hodensack / Eileiter links
9°	Samenleiter / Scheide
10°	Schwellkörper (Neurasthenie)
11°	männliches Glied /Schamlippe
12°	Samenbläschen
13°	Eichel / kleine Schamlippe
14°	Vorhaut
15°	Cowper'sche Drüsen
16°	Schneckenkopf / rechter Eierstock (Abszesse)
17°	Hodenlappen / linker Eierstock
18°	Hodengang / Scheidenklappe (Blinddarm, Haare)
19°	Hallers Netz / Mutterbänder
20°	Gewebe der Glieder, Bartholinische Drüse (Kropf)
21°	Keilbeinhöhle, Sehnen

Einteilung nach Ebertin	
22°	Siebbein und Bänder
23°	Nasenbein / Fransen am Ende es Eileiters (Rheumatismus)
24°	Nasenscheidewand
25°	Steißbein des Eileiters (Mandeln, Drüsen)
26°	Perineum (Damm)
27°	After
28°	Schleimhäute
29°	Pflugscharbein
30°	Nasenmuskeln

Einteilung nach Wemyss		
Stier/Skorpion		
Grad	anatomische Entsprechung	pathologische Entsprechung
0°	Ende des Halses	
1°	Ende des Halses	
2°	Ende des Halses	
3°	Ende des Halses	Epilepsie
4°	Tastgefühl	Ansteckungskrankheiten
5°	Tastgefühl	
6°	Tastgefühl	
7°	Tastgefühl	Polypen
8°	Augäpfel	Alkoholismus, Taubheit
9°	Schleimhäute, Augen	Katarrhe und Erkältungen
10°	Schleimhäute, Augen	
11°	Schleimhäute, Augen	Asthma
12°	Adamsapfel	Sydenham-Chorea, Krämpfe

Einteilung nach Wemyss		
13°	Adamsapfel	
14°	Blutkreislauf	Geschwülste
15°	unterer Bereich des Halses	Diphtherie
16°	Schulteransatz	Farbenblindheit, Krämpfe
17°	Schulteransatz	Blinddarmentzündung
18°	Schulteransatz	Tumoren
19°	Schulteransatz	
20°	Bronchialäste	Bronchitis
21°	Bronchialäste	regelwidrige Geburten
22°	Bronchialäste	Quetschungen
23°	Bronchialäste	
24°	Bronchialäste	Dislokationen
25°	Schlüsselbein	Brüche
26°	Schlüsselbein	
27°	Schlüsselbein	
28°	Schlüsselbein	rheumatisches Fieber
29°	Ende der Schultern	
30°	Armansatz	

Empfindlichkeiten und Allergiebereitschaft

1° – 3° Skorpion
Bluthochdruck, Tendenz, über die eigenen Leistungsgrenzen hinauszugehen und die Signale auf der Körperebene zu ignorieren.

3° – 7° Skorpion
Weizenallergie, in Verbindung mit Pluto mit nachfolgender Polypenbildung. Mit Jupiter-Neptun verschleierte multiple Körnerunverträglichkeit.

10° – 11° Skorpion
Ausgeprägte Depressionsneigung, Tendenz, jeden Stimmungs-
einbruch nach außen mit aller Kraft zu vertuschen.

12° – 14° Skorpion
Leberempfindlichkeit, eventuell durchgemachte Hepatitis, Fettleber.

17° – 18° Skorpion
Tendenz zu gutartigen Tumoren, Myomen (Ovarien und Uterus).

20° – 22° Skorpion
Bluthochdruck, Fülle im Blutkreislauf, Kongestitionen.

Ernährung

Bei der Ernährungsumstellung kann sich nach anfänglicher Begeisterung und Akribie irgendwann wieder der alte Schlendrian
einschleichen. Dann locken schwer verdauliches Essen, ein di-
ckes Holzfällersteak, Schweinebraten mit Kruste und Soße oder
Schwarzbier; all dies ist Schwerstarbeit für den Verdauungsap-
parat. Skorpione lieben auch Nachspeisen, Süßes in allen Variationen. Letzteres ist nicht grundsätzlich falsch, wichtig ist nur,
das Richtige zu wählen. Die indische Küche z.B. spricht die
Geschmacksknospen der Skorpione stärker an, ist abwechs-
lungsreich und auch gesund. Bittere Schokolade ist immer erlaubt, ebenso wie Obstsalat mit Nüssen, Honig und Mandel-
splittern. Skorpione sollten Exzesse meiden, weder aus dem
Vollen zu sehr schöpfen noch extreme Diäten wählen. Grundsätzlich aber gilt: Was sitzt, das sitzt, bei Skorpionen sogar noch
ausgiebiger, denn Loslassen ist ja das Urtrauma dieses Zeichens.

Dem Skorpion entspricht astrologisch:

Fleisch: Wild, Fasan, Täubchen, Hase, Reh, Hühnchen, Ente, Gans

Fisch: fast alle Sorten, möglichst aber fetten Heilbutt und Lachs ohne Butter garen

Gemüse: Hülsenfrüchte (Saubohnen, rote Linsen, Adukibohnen, Kichererbsen), Buschbohnen, Erbsen, Karotten, Kartoffeln, Rüben, Stangenbohnen, Artischocken, Endivien, Fenchel

Obst: Kirschen, Pflaumen, Granatapfel, Litschi, Kaki, Wassermelone, Erdbeeren, Passionsfrucht

Gewürze: Soja, Miso, asiatische Gewürze, frische Kräuter, Knoblauch und Bärlauch putzen die Gefäße (Vorsicht, verträgt nicht jeder)

Viel trinken, um das Blut zu verdünnen, ist wichtig. Bei Gefäßbelastung auch mal einen Rotwein, dagegen ist nichts einzuwenden.

Hilfreiche Elemente auf dem Weg zum Wohlbefinden

Homöopathie

Lachesis

Die Buschmeisterschlange ist das erste Mittel, mit dem der Skorpion in Resonanz ist. Von seinem Temperament her gibt es viele Übereinstimmungen. Lachesis ist nachtragend, eloquent, gefühlsintensiv, leidenschaftlich, charismatisch und suggestiv. Erfahrungen werden mit allen Fasern gesucht. Intensives Erleben, wirkliches Spüren und Gespürt-Werden, das ist der Anspruch. Lachesis kann sehr charmant sein, aber auch eifersüchtig, verschlingend, besitzergreifend. Die metaphysische Ebene ist: hellsichtig, visionär, intuitiv, antizipierend. Lachesis hat – wie die Schlange – eine scharfe, spitze Zunge, autoaggressive wie aggressive Anteile. Meist wird es Frauen verabreicht, bevorzugt im Klimakterium. Aber es passt auch bei Männern, insbesondere bei Blutwallungen, Hochdruck, Hitzewallungen, Depressionen und Schlafstörungen sowie bei plötzlichem Erwachen aus tiefem Schlaf (2 – 3 Uhr). Leitsymptome: schlechter nach Schlaf. Angst ins Bett zu gehen wegen der Schlafstörungen. Erstickungsgefühle; Enge, Druck am Hals und in der Taille wird nicht vertragen. Enge, Druck und Zwang werden auch im Seelisch-Geistigen nicht vertragen, obwohl selbst schon mal gerne Druck ausgeübt wird.

Stramonium
Für intensive Menschen, die sowohl zu Wut, Zorn und Leidenschaftlichkeit fähig sind als auch sonst zutiefst empfindsam sind. Typisch ist das Verlangen nach Licht, aber helle Lichtreflexe lösen eine Verschlimmerung aller Symptome aus. Schuldgefühle, Vorlieben für religiöse Riten, eine tiefe spirituelle Ebene, starke Sexualität mit nachfolgendem Unbehagen, diffuses Gefühl von Schuld, Furcht vor Dunkelheit, da der Skorpion das Dunkle in sich fürchtet.

Apis
Brennende Erscheinungen, Hitze, Jucken, Hauterscheinungen mit brennender Röte, Schuldgefühle können Hauterscheinungen auslösen. Typisch: Wünscht sich aus der eigenen Haut heraus. Jucken z.B. kann eine Art Übersprungsreaktion darstellen, besonders bei Schuldgefühlen. Vollblütig, warm, emsig, bei Bluthochdruck, Herzenge. Druck im Hals, säckchenartige Schwellung der Tonsillen.

Thuja
Als Palliativmittel insbesondere bei Polypen und Warzenbildung, die auf der psychischen Ebene einhergehen mit dem Urtrauma des Skorpions, dem Nicht-loslassen-Können. Als Konstitutionsmittel beinhaltet Thuja auch Persönlichkeitsmerkmale des Skorpions: das Geheimnisvolle oder die Geheimniskrämerei. Thuja-Persönlichkeiten sind auf der Hut und geben wahrlich nicht alles preis. Wichtige Informationen bei der Fallanam-

nese werden zurückgehalten. Sie offenbaren das, was in ihr Bild, das positive natürlich, passt. Und da Skorpione ja oft keine so gute Meinung von sich haben, so ganz im Geheimen jedenfalls, sortieren und selektieren sie, was veröffentlicht wird. Leitsymptome: Gewissenskonflikte und Schuldgefühle, die sich oft auf das Thema Sexualität beziehen. Traumata und Verletzungen, auch solche, die lange zurückliegen, werden von Thuja gelindert. Eine Tendenz zu fixen Ideen ist im Thujabild aufgezeichnet. Gut wirkt es auch auf die Skorpion-Organe Ovarien und Uterus, insbesondere bei Gewebeneubildungen, vornehmlich auf das linke Ovar. Verschlimmerung: bei zunehmendem Mond, um 3 Uhr oder 15 Uhr, beim Schließen der Augen, bei Genuss von Tee, Kaffee und fetten Speisen.

Hyoscyamus
Dieses große Homöopathikum vom Bilsenkraut, früher auch Hexenkraut genannt, hat ein besonderes Leitsymptom: die Angst vor dem Teufel, das Gefühl, einen übermächtigen Schatten zu besitzen. Hyoscyamus liegt ständig im Kampf mit seinen inneren Trieben, die als negativ empfunden werden. Das Mittel hat eine starke erotische Färbung, ist leidenschaftlich, inbrünstig, aber auch von religiösen und spirituellen Themen fasziniert. Hyoscyamus hat sehr viel vom Skorpionarchetypus, etwa das Besitzergreifende und Eifersüchtige. Weitere Leitsymptome: Kopfschmerzen mit klopfenden Arterien, Gerüche können Migräne auslösen, ebenso Schwindel sowie Morbus-Meniere-Anfälle. Verschlimmerung: Gemütsbewegung, Eifersucht, unglückliche Liebe.

Glonoinum
bei Blutandrang zum Kopf, bei Kopfschmerz mit klopfenden Arterien.

Cimicifuga
bei heftigem, nach außen drückendem Kopfschmerz, als wollte der Schädel zerspringen. Verschlimmerung: bei der Monatsregel und bei feuchtem Wetter.

Iris
bei Migräne mit Übelkeit, periodisch, Schmerzen mit brennendem Charakter, beginnt mit Flockensehen vor den Augen.

Carduus marianus
bei Krampfaderbeschwerden, Leberbelastung.

Aesculus
bei venösen Beschwerden.

Phytotherapie

Taraxacum
zum Entgiften und Ausleiten des Organismus, entstaut die Leber und das Pankreas.

Carduus marianus (Mariendistel)
ein Leberentgiftungsmittel, das auch die Eindickung der Säfte verhindert.

Arnikablüten
verbessern die Wundheilung, wirken nervenstärkend, regulieren den Blutdruck.

Vitamin A + E
ist die Kombination, die die Gefäße elastisch hält.

Knoblauch
putzt die Gefäße, sorgt für saubere Gefäßwände.

Brennnessel
fördert die Ausscheidung über Niere und Blase und ist hilfreich bei Hautirritationen.

Ginkgo
zur Verbesserung der Durchblutung der Kapillaren.

Schüßler-Salze

Kalium bromatum
bei psychischer Erregung und Erschöpfung.

Kalium phosphoricum
das Nervenmittel der ersten Wahl. Es wirkt bei Gedächtnisschwäche, Überforderung und Phasen von Überreaktionen jeder Art.

Magnesium phosphoricum
bei Hautjucken, auch um den After, bei Krampftendenz und Unausgeglichenheit.

Natrium bicarbonicum
kurbelt den Stoffwechsel an, entschlackt und hilft abzunehmen.

Bach-Blüten

Beech
bei zu kritischer Lebensbetrachtung und bei Eingreifen ins Leben anderer.

Mustard
bei Depressionen, Überforderung und negativer Erwartungshaltung.

Olive
nach Phasen großer Verausgabung, auch bei Rekonvaleszenz.

Pine
bei Schuldgefühlen und der Angst vor dem eigenen Schatten oder der eigenen Größe, je nachdem.

Vine
wenn der starke Wille der Skorpione und die Vorstellungsfixierung in eine Richtung treiben, die der Seelenabsicht nicht entspricht.

Australische Busch-Essenzen

Green Spider Orchid
wenn Albträume und Phobien, die aus früheren Erfahrungen sowie aus früheren Leben entstanden sind, das Lebensgefühl beeinträchtigen und die Handlungen unbewusst färben. Hilft loszulassen.

Red Helmed
wenn das rebellische Verhalten überhand nimmt und Probleme mit Autoritätspersonen auslöst. Gibt Unterstützung dabei, die Beziehung zum Vater aufzuarbeiten.

Alpine Mint Bush
bei geistiger und seelischer Erschöpfung sowie Mangel an Freude.

Banksia Rubor
in Phasen von Entmutigung, obwohl sonst eher ein Energieüberschuss vorhanden ist.

Heilen mit Farben – auch in der Nahrung – und Edelsteinen

Die Farbe des Skorpions ist Granatrot. Die Lieblingsfarbe allerdings ist sehr häufig Schwarz, eine Nicht- oder Schutzfarbe, was viel über die eigentliche Schutzbedürftigkeit aussagt. Interessant ist, dass Schwarz und dunkles Lila Depressionen verstärken können. Nach meiner Erfahrung bevorzugen aber depressive Menschen genau diese Farben, oft mit dem Hinweis darauf, dass ihnen andere Farben nicht stehen würden.

Energie aber schenkt rote und violette Nahrung. Zartes Violett lindert Skorpion-Kopfschmerzen, Gelb holt den Betroffenen aus Depressionen heraus. Gut für die Vitalität der Skorpione: Aubergine, Zucchini, Pflaumen, Mirabellen, Granatapfel, Passionsfrucht.

Der Edelstein ist der Granat. Nach alter Überlieferung wurde die Arche Noah mit einem Granat beleuchtet. Er spendet Licht, wirklich und im übertragenen Sinne.

Psychotherapie, Körperarbeit, Meditation

Tai Chi: Eine dynamische Meditation, die Vitalität und Seelenkraft stärkt. Karate, Aikido, Judo, all diese asiatischen, spirituell gefärbten Kampfsportarten erfassen die Skorpion-Energie vollständig.

Tao-Yoga der Liebe: Diese Yoga-Variante ist ganz skorpion-like.

Tantra: Ein buddhistischer Weg, der nicht nur mit Sexualität zu tun hat, sondern eine hohe Schule der Einweihung ist. Es gibt auch den linkshändigen tantrischen Weg, der beinhaltet, dass man alles tun kann, wenn man es mit dem rechten Bewusstsein und einer hohen Verantwortung initiiert. Die Kraft, auch Entscheidungen zu treffen, die wie das Schwert des Mahakala, das für die unterscheidende Wahrheit steht, auch mal schmerzen, das können Skorpione gut.

Hypnosetherapie ist bei Skorpionen eine äußerst effektive Arbeit.

Tibetische Klangschalen-Massage: Wie alles, was aus dem tibetischen Buddhismus kommt, wirkt es bei Skorpionen zutiefst heilend.

Psychotherapie: Prozessorientierte Psychologie nach Arnold Mindell, greift viel vom Denken des Tibetischen Buddhismus auf.

Die Arbeit mit dem dunklen Kind: Eine Arbeit mit Persönlichkeitsfacetten, die die Eltern nicht annehmen konnten. Dies ist gerade für Skorpione, die die Erfahrung von Überlagerungen in der Kindheit gemacht haben könnten, sehr hilfreich.

Flamenco ist der Tanz, der erotisch und leidenschaftlich zutiefst dem Skorpion entspricht. Bei keinem anderen Tanz werden die Emotionen so gelebt und Wut förmlich in den Boden gestampft.

Schütze
23. November – 21. Dezember

Das Tierkreiszeichen Schütze gehört fast zu den begnadeten, denn es bringt eine Begeisterungsfähigkeit, ein Sendungsbewusstsein mit, das auch aus dunkelsten Stunden wieder herausholen kann. Kosmische Protektion in Hülle und Fülle garantiert Lebensfülle, aber auch eine Tendenz zur Übertreibung. Schütze herrscht über das 9. Haus und ist ein männliches Zeichen, feurig, aber ein eher luftiges Feuer; denn schnell begeistert und entflammt, so sind die Schütze-Menschen auch schnell wieder desinteressiert oder längst mit einer anderen Faszination befasst. Die Suche nach dem Sinn des Lebens ist hier Antrieb, Motivation, Weg und Ziel zugleich. Ein unrastiges, oft temporeiches Leben geht nicht immer spurlos an diesen Menschen vorbei. Aber die Maxime des Schützen ist: Lieber bis 60 Jahre ein spannendes, zutiefst erfülltes Leben, als 90 Jahre ein bisschen vor sich hin leben. Expansion in jeder Weise, in jede Richtung, das ist Schütze-Bestreben. Er reist gerne und ist glücklich, wenn er seinen Horizont permanent erweitern kann. Schütze gewinnt Inspirationen und Einsichten, sucht den heiligen Gral, die blaue Blume der Erkenntnis, rastlos und überall, gerne aber in der Ferne. Wenn er nicht real reisen kann, dann wachsen seinem Geist Flügel: Er liest, unternimmt mentale Reisen, gerne auch mit schamanischen Ritualen. Er ist ein Nomade, der grundsätzlich davon ausgeht, dass auf anderen Weideplätzen das Gras grüner ist. Sein feuriger Optimismus lässt ihn nie aufgeben, aber er ist auch schwer zu halten; das sollte jeder wissen, der mit Schütze-Menschen eine enge Verbindung wünscht. Nach meiner Erfahrung gehört zum Schütze-Zeichen der mosaische Glaube. Ein starker Jupiter ist in allen Horoskopen von Menschen zu finden, die dem jüdischen Glauben und der jüdischen Tradition angehören, entweder real in diesem Leben oder in früheren Inkarnationen. Immer, wenn die dominanten Wurzeln im Jüdischen liegen, auch über Karma, ist eine Unverträglichkeit von Nahrungsmitteln aufzufinden, die nicht «koscher» sind. Das geht bis hin zur Unverträglichkeit der Kombination von milchigen und fleischigen Speisen, selbst wenn Ziegenmilch (statt Kuhmilch) sonst vertragen wird. Selbstverständlich weiß ich, dass es viele traditionelle Astrologen gibt, die Saturn dem mosaischen Glauben zuordnen. Saturn aber entspricht eindeutig der Energie Jahwes. Es gibt jedoch andere Gottesentsprechungen, wie z.B. Elohim, die eine ganz andere Essenz ausstrahlen und darstellen. Übrigens habe ich auch hier bei Kindern das Phänomen der Schwierigkeit, von links nach rechts lesen und schreiben zu können, gefunden. Denn im Hebräischen wird auch von rechts nach links geschrieben. Einen starken Bezug zum Religiösen hat Schütze fast immer. Schütze-Menschen brauchen Religion, nicht unbedingt eine feste Anbindung an eine bestimmte Glaubensgemeinschaft. Sehr häufig suchen sie sich aus allen Weltreligionen und Glaubensformen und Glaubenssystemen das Wissen, die Essenz heraus, die für sie stimmt, um daraus ihr ganz eigenes Gottesverständnis zu bilden. Auch die Philosophie ist eine Schütze-Disziplin und eigentlich Ausdruck dessen, was Schützen umtreibt, die Frage nach dem Woher, Wohin und Wozu, die Grundthemen allen Seins.

Astromedizinische Gesichtspunkte

Astromedizinisch gehören zum Schützen: die Leber (die übrigens auch ein spirituelles Organ ist und speziell auf Retreats und bei anderen intensiven Wachstumsprozessen oft mit Zeichen von Beanspruchung reagiert) und die Hüftregion, die ebenfalls eine besondere Erwähnung verdient. Der biblische Jacob wurde an der Hüfte verletzt, als er am Jabbokfluss mit Gott rang, mit dem Ausspruch: «Ich lasse Dich nicht, Du segnest mich denn!» In diesem Geschehen ist ganz viel von der Schütze-Thematik enthalten. Weiter im Organbezug: die Oberschenkel, die Lenden, die Bildung des Gallensekrets als der Leberfunktion zugehörig, sie alle sind dem Schützen zugeordnet. Daraus ergeben sich natürlich bestimmte Krankheitsentsprechungen. Dominant und fast immer im Laufe des Lebens auftretend ist die Cox-Arthrose oder eine andere Form der Hüftgelenkserkrankung. Diese kann natürlich die Bewegungsmöglichkeit einschränken, selbst heute, wo die Schulmedizin Hüftgelenksoperationen fast als Routine, als Lappalieneingriff, behandelt. Trotzdem: Der Bewegungsradius kann eingeschränkt sein, aber nur bezogen auf die rein körperliche Aktivität. Denn geistig-mental sind Schützen weiter auf der Reise, vielleicht sogar noch weltumfassender als zuvor. So sind Hüftgelenksluxationen bei Neugeborenen zu finden, wenn eine Betonung des Schützezeichens vorhanden ist. Das Beispiel des Schützedaseins, bezogen auf den zeitlichen Lebensablauf und seine Entsprechungen, verdeutlicht sehr eindrucksvoll den eigentlichen Entwicklungsablauf des menschlichen Seins: So wie eine Spirale von einem Punkt konzentrisch nach außen führt, um sich dann ab einem bestimmten Punkt (Lebensmitte) wieder zurück, nach innen, zum Ausgangspunkt zu bewegen, so ist Leben eigentlich gedacht. Erst geht es in die Außenwelt, die Peripherie, dann zurück zum Ausgangspunkt, zum Zentrum, wobei die Rückwärtsbewegung eine geistige Entfaltung darstellt, eine spirituelle, wenn man es richtig ausdrückt. Gerade Schütze ist ein zutiefst spirituelles Zeichen und braucht die Expansion, sowohl peripherisch, nach außen gerichtet, als auch perizentral, zum Kern zurück. Fehlt bei Schütze-Menschen die Möglichkeit der Entfaltung, der Expansion, dann besteht die Gefahr der Ausweitung auf der Körperebene, auch im Sinne von Gewichtszunahme oder Wassereinlagerungen. Schütze-Menschen neigen zu Erkrankungen der Leber. Speziell dieses Organ leistet einen umfassenden Dienst, ist sowohl das Zentrallabor des Organismus als auch für die Bildung und Sekretion der Gallenflüssigkeit zuständig, hat aber eine beherrschende Stellung im Intermediärstoffwechsel: Glukogenese, Glukoneogenese, Glykogenolyse, die Verwertung der durch die Pfortader zugeführten Aminosäuren aus der intestinalen Verdauung und vieles mehr. Logischerweise ist ein so beanspruchtes Organ erkrankungsanfällig und reagiert besonders sensibel auf Übertreibung, Völlerei und Überfluss, Letzteres zumindest ein Schattenanteil des Schützen. Alle eventuellen Erkrankungen der Leber sind dem Schützen zugeordnet. Dazu gehören Tumoren, Zysten, Hepatiden der unterschiedlichsten Form und Entstehung. Hepatitis A, B, C und Sonderformen, wie zum Beispiel Hepatitis D, E, G sind infektiöse Formen, für die man, nach astrologischer und holistischer Sicht die Bereitschaft mitbringen muss, damit es zu einer Erkrankung kommt. Die alkoholbedingte Hepatitis ist eine Entzündung der Leber aufgrund einer Schädigung durch die Noxe Alkohol. Da die Zentauren, die ja mythologisch mit diesem Tierkreiszeichen verbunden sind, bacchantischen Festen nicht abgeneigt waren, ist die astromedizinische Zuordnung klar. Alkoholabusus hat – sollte er bei Schützen auftreten – als Hintergrund die Jupiterentsprechung, manchmal die Maßlosigkeit und das fehlende Gefühl für heilsame Grenzen. Jedoch ist er oft Ausdruck einer verzweifelten Suche nach dem Sinn des Lebens, des Nichtankommens im eigenen Sein und der quälenden Sehnsucht nach dem sich Aufgehobenfühlen in einem spirituellen Kosmos. Hepatogene Noxen, Gifte, die die Leber schädigen, sind ebenfalls Farben, Lacke, Klebstoffe und chemische Substanzen vielfältiger Art. Es gibt medizinisch ausgedrückt auch die Malerhepatitis. Stoffwechselerkrankungen und deren Folgen, wie z.B. Gicht oder Gewichtszunahme, sind Schütze-Leiden. Ein nicht insulinabhängiger Diabetes mellitus ebenfalls. Einlagerung von Wasser, einer Ansammlung von Schlacken, auch deponiert in der Matrix, dem intrazellulären Raum, können auftreten und die Kommunikation der Zellen stören. Mögliche Folgen: Allergien. Schützen neigen ebenfalls zu Erkrankungen der Lunge, zu einem Lungenödem oder -emphysem. Auch einen Spontanpneumothorax (das Zusammenfallen eines Lungenflügels ohne Verletzung, die dieses Phänomen erklären würde) habe ich bereits bei Schütze-Patienten ganz konkret beobachtet. Meiner Erfahrung nach spielt das allergisch bedingte Asthma ebenfalls eine große Rolle. Schlaflosigkeit, bei so viel Rastlosigkeit eigentlich unvermeidlich, tritt gehäuft auf. Sie entspringt hier häufig der Angst, etwas Wichtiges könnte passieren und im wahrsten Sinne des Wortes verschlafen werden. Deswegen haben gerade Schütze-Kinder Einschlafschwierigkeiten, sie setzen sich immer wieder im Bett auf und beobachten, was rund um sie herum alles geschieht.

Irisdiagnostisch findet sich bei Schützen oft das abgedunkelte Leberfeld (Zeichen für Organdegeneration) mit aufsteigenden Transversalen als Anzeichen für eine hepatogene Stauung. Leberpigmente als Ausdruck einer Überbelastung und Hepatitisstaketen als Hinweis auf eine durchgemachte Hepatitis. Allergieaufhellungen; Pankreaslakunen als Hinweis auf eine Pankreasfermentstörung oder Pigmente als Zeichen einer durchgemachten Entzündung. Arthrosezeichen in der Hüftregion, ein Arthritisring um die Pupille, Lakunen, Pigmente und Schnitzzeichen bei Tumoren, Zysten. Die Tumorgabel, die auf das Entstehen von Tumoren hinweist – bei Schützen gehäuft im Lebersektor anzutreffen.

Wie verhält sich der Schütze nun im Krankheitsfall? Sehr wenig einsichtig, zumindest zu Beginn der Erkrankung. Schütze-Menschen sind sehr spirituelle Menschen, die schon früh die Frage nach dem Lebenssinn stellen und mit der Endlichkeit dieses Seins vertraut sind. Zwar glauben überdurchschnittlich viele Schütze-Patienten an die Unsterblichkeit der Seele, insbesondere an die Wiedergeburt. Aber logischerweise werden sie trotzdem durch die elementaren Fragen nach dem großen Mysterium um Leben und Tod umgetrieben. So viel wie möglich an Entwicklung zu absolvieren, dieses Leben zu nutzen, ist die starke Triebfeder, die auch den Organismus stark belasten kann. Das, was Schützen sagen wollen, wenn sie am Ende des irdischen Weges angekommen sind, ist: Es hat sich gelohnt zu leben, ich habe Spuren hinterlassen. Aus diesem Grunde laufen sie Krankheiten, Schwäche und Einschränkungen wenn irgend möglich davon, manchmal als wären die sprichwörtlichen Furien hinter ihnen her. Häufig werden kleine Lappalien aufgebläht, ein Schnupfen ist gleich eine eitrige Sinusitis, eine Bronchitis muss ganz klar von Lungenbefall zeugen. Schwere Erkrankungen aber werden negiert, manchmal auch den von mir angeratenen schulmedizinischen Diagnosemöglichkeiten, falls etwas abgeklärt werden muss, eine Absage erteilt. Bloß gar nicht hinterfragen, weil nicht sein kann, was man nicht zulässt. Nach einer Phase des Auseinandersetzens und Verinnerlichens versucht der Schütze den höheren Sinn in diesem Geschehen zu ergründen und nutzt diese Krankheit als Entwicklungskraft. Was sie ja oft ist. Krankheit, die Suche nach Heilung, kann auf Wege bringen und Türen öffnen, von denen man vorher nicht einmal wusste, dass diese existieren. Schamanische Rituale, gerne der Core-Schamanismus, bei uns ja durch den Schamanen und Anthropologen Michael Harner bekannt geworden, liegen ihnen dank ihrer Imaginationsfähigkeit und ihrer Offenheit, auch das Unmögliche für möglich zu halten. So reisen sie mit dem Geisterboot der Salish und suchen Kontakt mit ihren Krafttieren. Auch die Heilung durch die Kraft des Glaubens, z.B. durch ein sepharisches Gebet, ist dem Denken der Schütze-Menschen sehr vertraut. Und natürlich das Heilen durch holotrope Bewusstseinszustände. Um Heilung zu finden, reisen Schütze-Menschen, ganz egal ob nach Nepal oder Brasilien, nach Hawaii oder zu den Schamanen in Sibirien. Natürlich geht es erst einmal viel irdischer zu. Homöopathie ist für Schütze-Menschen nicht so geeignet, wenn die «reine Lehre» zu dogmatisch vertreten wird. Begeistert aber sind Schützen von der prozessorientierten Homöopathie, die einen starken dynamischen Fluss beinhaltet und eine tolle Lebendigkeit. Die Traditionelle Chinesische Medizin hat bei Schützen einen positiven Effekt. Auch die Heilung durch Lichtnahrung wird sehr interessiert studiert und ausprobiert. Schließlich ist Schütze der Lichtbringer.

Schütze – anatomische Entsprechung der Tierkreisgrade

Einteilung nach Ebertin	
1°	Beckenknochen
2°	Hüftbein
3°	Sitzbein
4°	Oberschenkel
5°	rechte große Oberschenkelarterie (Haare)
6°	linke große Oberschenkelarterie (Angstzustände)
7°	rechte äußere Oberschenkelarterie (Herz)
8°	linke äußere Oberschenkelarterie (Gesichtssinn)
9°	rechte Lymphgefäße, Antares: Augenkrankheiten (rheumatisches Fieber)
10°	linke Lymphgefäße
11°	Anzieher des Schenkels
12°	große Schenkelvene
13°	große Rosenvene (rheumatisches Fieber)
14°	Hautvene des Oberschenkels
15°	rechte Hüftvenen
16°	linke Hüftvenen
17°	Ischiasnerv
18°	rechter Oberschenkelkreiser (Asthma)
19°	linker Oberschenkelkreiser

Einteilung nach Ebertin	
20°	rechter Oberschenkelknopf
21°	linker Oberschenkelknopf (typhöses Fieber)
22°	rechter Rollhügel, (Wahnsinn, Blinddarmentzündung)
23°	linker Rollhügel, (Rückgrat)
24°	Kniekehlengrube
25°	rechter Knorren (Neurasthenie, Gicht)
26°	linker Knorren (Selbstmord)
27°	Gesäßmuskeln
28°	rechter Schenkelmuskel (Schwindsucht)
29°	linker Schenkelmuskel
30°	birnförmiger Muskel

Einteilung nach Wemyss		
Zwillinge/Schütze		
Grad	anatomische Entsprechung	pathologische Entsprechung
0°		
1°		
2°	oberer Bereich der Lungen	
3°	Sehnerv	Augenfehler, Farbenblindheit
4°	Augen	Blindheit
5°	Augen	
6°	Augen	
7°	Augen	Polypen
8°	Ellenbogen	Meningitis, Tuberkulose
9°	Ellenbogen	Taubheit

Einteilung nach Wemyss		
10°	Ellenbogen	
11°	Ellenbogen	Insektenstiche
12°	Ellenbogen	Unfälle auf Reisen
13°	Ellenbogen	
14°	Ellenbogen	Reisekrankheit
15°	Ellenbogen	Diphtherie
16°	Atemsystem	Atemstörungen
17°	Atemsystem	
18°	Atemsystem	Mutismus, Brandblasen, Verbrennungen
19°	Sprachvermögen	Brandblasen und Verbrennungen
20°	Handgelenke	
21°	Handgelenke	
22°	Handgelenke	
23°	unterer Bereich der Lungen	
24°	unterer Bereich der Lungen	
25°	unterer Bereich der Lungen	
26°	unterer Bereich der Lungen	
27°	unterer Bereich der Lungen	
28°	unterer Bereich der Lungen	Keuchhusten
29°	Finger	
30°	Finger	

Empfindlichkeiten und Allergiebereitschaft

1° – 5° Schütze
Leberbelastung, von Fettleber bis zur Zystenleber.

5° – 7° Schütze
Depressionsneigung, Stoffwechselstörungen, Pankreasbelastung.
Schilddrüsendysregulation.

7° – 8° Schütze
Bluthochdruck, depressive Phasen mit zwanghaften Gedanken-
mustern möglich.

8° – 9° Schütze
Blutdrucksteigerung mit Kongestitionen, Tendenz zu Wassereinlagerungen und Gewichtszunahme.

13° – 17° Schütze
Stoffwechselstörungen, Enzymstörungen im Dünndarm mit
Motilitätsirritationen bis hin zum Subileus und Ileus. Unverträglichkeiten von Konservierungsstoffen, Röststoffen, Glutamat, oft Kuhmilcheiweiß, Körner, eventuell sogar Glutenunverträglichkeit.

19° – 20° Schütze
Bluthochdruck, Gefäßbelastung, Gelenkbeschwerden, Arthritis, Cox-Arthrose, Gon-Arthrose. Bronchitis allergischer Genese, Nahrungsmittelunverträglichkeiten (Körner, Glutamat, Kuhmilcheiweiß), Unverträglichkeit von Farbstoffen in Nahrungsmitteln.

23° – 26° Schütze
Multiple Nahrungsmittelunverträglichkeiten, Kuhmilcheiweiß,
Körner, eventuell Gluten, auch Nahrungsmittelzusätze, Farb-
stoffe, Aromastoffe, mit nervösen Schleimhautreizungen in Ma-
gen und Darm, mit nervösen Symptomen, Kopfschmerzen,
Schlafstörungen.

26° – 29° Schütze
Überempfindlichkeit auf Nahrungsmittelzusätze, Medikamente, Alkohol. Selbst homöopathische Arzneien lösen überstarke Reaktionen aus. Nahrungsmittelunverträglichkeiten, die verschleiert ablaufen. Ausscheidungsschwäche über die Niere. Schlechte Ausscheider, auch wenn es darum geht, Belastungen oder Keime wieder auszuschleusen.

Ernährung

Eine strikte Ernährungsumstellung ist bei Schütze-Menschen schwer durchzusetzen, vielleicht wäre dies auch kontraproduktiv, weil es nicht ihrem Naturell entspricht. Da Schützen oft eine Vielzahl an Nahrungsmittelunverträglichkeiten aufweisen, wird es zur Heilung nötig sein, diese Stoffe auszusortieren. Bei Schützen gilt wie bei niemandem sonst: Wenn man jemandem etwas wegnimmt, muss man ihm etwas anderes dafür geben! Wunderbarerweise lieben Schützen Experimente mit unbekannten Nahrungsmitteln, Geschmacksrichtungen, Kost aus anderer Herren Länder, je exotischer, desto besser. Alternativen sind also immer zu finden. Häufige kleine Mahlzeiten mit der Aufforderung, in Ruhe, bewusst, nicht im Vorbeiflug oder beim Studieren zu essen, das ist die erste Aufforderung. Salz ist ein «Gewürz», welches man sanft dosieren sollte, um der Tendenz zu Wasseransammlungen im Gewebe prophylaktisch etwas entgegenzusetzen. Gut wäre es, mit Kräutern zu würzen, die Salz sehr gut ersetzen können (Basilikum, Cumin, Dill, Ingwer, Koriander, Liebstöckel, Sellerie, Lorbeer, Schnittlauch). Ebenso sollte der Schütze mit Senf, Miso oder Soja würzen; auch Meerrettich ersetzt Salz. Es muss kein Himalaja-Salz sein, Meersalz ist bereits die ideale Darreichungsform. Da Schützen Gaumenfreuden exotischer Art lieben, ist Abwechslung wichtig, bei Allergien sogar hilfreich. Heute indisch, morgen arabisch, übermorgen japanisch (chinesisch, koreanisch, mongolisch). Das ist ideal, die eventuellen Nahrungsmittelallergien gut zu meistern. Viele Allergien bauen sich durch häufige Gaben erst richtig auf. Thaikost wird besonders gut vertragen. Vorsicht aber bei Alkohol. Die Leber des Schützen ist empfindlich. Es gibt wunderschöne Tees, die hervorragend schmecken und einen Hauch Außergewöhnlichkeit beinhalten, z.B. Enziantee, Grüner Tee oder Jasmintee. Außerdem all die unterschiedlichen Teesorten ob Ceylon, Assam, Chinesisch, Orange Pekoe und First flush. Daraus kann der Schütze eine richtige Philosophie machen.

Dem Schützen entspricht astrologisch:

Fleisch: Geflügel, Hammel, Lamm, Ziege, Schaf, Hirsch, Gegrilltes

Fisch: Meerbarben, Lachs, Seezunge, Thunfisch, Sardelle (nicht koscher sind Seeteufel und Raubfische, ebenso Schalentiere – vgl. Seite 159)

Gemüse: Chicorée, Eisbergsalat, Endivien, Löwenzahn, Oliven, Pastinaken, Spargel, Kartoffel

Obst: die tropischen Früchte, aber auch Holunder, Quitten, Apfel, Birne

Getreide: Hirse, Buchweizen, Couscous, Reis

Hilfreiche Elemente auf dem Weg zum Wohlbefinden

Homöopathie

Tuberculinum

Leitsymptom: Muss immer irgendwo hingehen! Das drückt die Rastlosigkeit der Schützen sehr schön aus. Tuberculinum ist eine Nosode, aber auch ein großes Konstitutionsmittel. Ständiger Symptomwechsel: Beschwerden befallen ein Organ nach dem anderen, beginnen plötzlich und verschwinden ebenso rasch wieder. Erkältet sich leicht, schnell und ausgeprägt. Abmagerung, aber auch plötzliche Gewichtszunahme. Kopfschmerzen, chronische, scharfe Schmerzen von oberhalb des rechten Auges zum Hinterhaupt, wie ein eiserner Ring um den Kopf, Kopfschmerzen durch Anstrengung. Nächtliche Halluzinationen (Schütze-Menschen haben Visionen!). Kleieartige Hauterscheinungen im Zusammenhang mit Nahrungsmittelunverträglichkeiten. Melancholie, zeitweise mürrisch, verdrießlich, sonst von Natur aus liebenswürdig. Schlüsselsymptom ist die Reiselust, häufiger Ortswechsel. Eventuell: Furcht vor Hunden (besonders schwarzen) oder Katzen, mit Tierhaarallergie.

Phosphor
Der Lichtbringer. Schütze und die wunderbare Arznei Phosphor sind in ihrer Charakteristik fast identisch. Phosphor-Menschen verströmen sich, kennen keine gesunden Grenzen, deswegen sorgen sie auch nicht gut genug dafür, ihre Lebenskraft wie ein kostbares Feuer zu hüten. Überforderung aus der Euphorie heraus, das ist Phosphor. Medial, mit Visionen gesegnet, hellsichtige Vorahnungen, prophetische Träume, dies ist typisch für Phosphor. Realitätsverlust aus der Begeisterung heraus, auch Missionieren. Schütze-Phosphor-Menschen sind Idealisten und Weltverbesserer. Zuspruch und Trost bessert. Leichtgläubigkeit ist die Kehrseite der Medaille, ebenso wie die Anfälligkeit für Panikmache. Angst vor Gewitter, Reaktionen auf jede Art von atmosphärischen Störungen ist ebenfalls Phosphor. (Auch Hunde reagieren übrigens gut auf eine Phosphorgabe, wenn sie bei Gewitter oder Silvesterfeuerwerk in Panik geraten). Leitsymptome, die auf die Phosphor-Spur bringen: viel Durst, lichtscheu, extreme Empfindlichkeit auf äußere Eindrücke (Gerüche, Geräusche), friert leicht, Kopfschmerzen über dem linken Auge. Eine Auffälligkeit ist, dass das Krankheitsbewusstsein ein sehr wechselvolles ist. Kleinigkeiten werden dramatisiert, wirkliche Krankheitssymptome abgewehrt, kleingeredet und banalisiert. Phosphor-Patienten sind dankbar, liebenswürdig, aber auch schauspielerisch begabt. Der Behandler muss aufpassen, sich nicht von der richtigen Spur abbringen zu lassen.

Colchicum
Ein Lebermittel, das aus der Herbstzeitlosen gewonnen wird. Es

wirkt gut bei Gicht, Gelenkbeschwerden sowie Leber-Galle-Er-
krankungen. Ebenso bei Aszites, der Bauchwassersucht, wenn
sie von einer gestörten Leberfunktion herrührt. Leitsymptome:
Ekel bei Gerüchen, besonders bei Essensgerüchen oder beim
Anblick von Speisen. Brust wie von einem festen Band um-
schnürt. Nachthusten! Schwäche und Unrast zugleich.

Apocynum cannabinum
Indianerhanf ist ein Palliativmittel bei Wassereinlagerung, bei
Ödemen. Es fördert die Diurese, die Harnausscheidung über die
Niere, und zwar sowohl qualitativ wie quantitativ. Leitsympto-
me: Kann nicht richtig durchatmen (dies kennen Schütze-Men-
schen nur zu gut).

Rhus toxicodendron
Bei Gelenkschmerzen mit Ruhelosigkeit und dem Hauptsymp-
tom: Bewegung bessert die Schmerzen. Kann nicht im Bett bleiben, ruhe- und schlaflos, muss ständig im Bett die Lage wechseln, Lahmheit und Steifheit am Morgen. Empfindlich gegen
kalte Luft, Hustenreiz bei Kälte oder Verkühlung. Muskelrheu-
matismus, Ischias, links. Großer Durst! Verschlimmerung: vor
einem Sturm, bei feuchtem, kalten Wetter, nach Mitternacht, in
Ruhe.

Ranunculus bulbosus
Stechende Schmerzen, vor allem in den Gelenken; Gefühl wie
zerschlagen, wund, entzündet. Schlimmer in kalter Luft, durch
Belastung.

Ruta
bei Gelenkschmerzen, insbesondere beim Treppenabstieg.
Schmerzen wie gequetscht, Lahmheitsgefühl. Ruhelos, dreht
sich im Bett wie ein Kreisel.

Bryonia
Aszites als Folge eines Leberleidens, fördert den Harnabgang,
die qualitative Diurese.

Phytotherapie

Schütze-Menschen sprechen auch gut auf die Pflanzenheilkunde an.

Birkenblätter
fördern die Harnausscheidung.

Bohnenhülsen
unterstützen die Diurese und entgiften den Organismus.

Zinnkraut
wirkt harntreibend (darf aber nicht als Dauermedikation betrachtet werden).

Odermennig
hilft, effektiv zu entschlacken, zu entgiften und wirkt heilend auf die Leber.

Löwenzahn
ist das Leber-Gallen-Pankreas-Mittel par excellence.

Brennnessel
entwässert, entgiftet und hilft besonders auch bei Gelenkbeschwerden.

Leberblümchen
bei Leberschwellung, Gallensteinen, Nieren- und Blasenleiden.

Schöllkraut
bei Leber-Gallen-Leiden.

Schüßler-Salze

Natrium sulfuricum
das Salz für den Leberstoffwechsel, entschlackend, entstauend. Fördert die Ausscheidung, baut Stoffwechselabfallprodukte ab.

Silicea
gibt Halt, innen und außen, sorgt für Struktur und Kraft. Es stabilisiert auch das Bindegewebe, die Haare und Fingernägel.

Calcium sulfuratum
wirkt regulierend auf die Schleimhäute, harmonisiert die Sekret-
bildung, besonders im Bronchialtrakt.

Natrium bicarbonicum
reguliert Stoffwechselprozesse, entsäuert, entschlackt.

Bach-Blüten

Honeysuckle
das Mittel, das erdet, wenn Erinnerungen an frühere, glorreiche
Inkarnationen etwas abheben lassen.

Vervain
wenn die Euphorie und der Enthusiasmus in einen Begeiste-
rungstaumel führen und der Organismus dann nicht mithalten
kann.

Wild Rose
wenn Überforderung das Sendungsbewusstsein oder die Strahlkraft zum Erlöschen bringt und Initiativlosigkeit bedrückt.

Wild Oat
wenn ein Konzept nötig ist oder wäre, um all die Ideen und
Visionen in eine gute Richtung zu bringen.

Australische Busch-Essenzen

Relationship Essence
hilft Familienkonditionierungen und -muster aufzubrechen,
klärt blockierte Gefühle und Gedanken, fördert Toleranz.

Sundew
fördert die Erdung, die Kraft, über sich selbst auf gesunde Art
hinauszuwachsen.

Anglesword
fördert das Erreichen von spiritueller Wahrheit und Schutz. Zugang zu Gaben und Talenten aus früheren Leben.

Kangaroo Paw
schenkt Entspannung, Sensibilität, hilft im Umgang mit anderen gelassen und aufmerksam zu sein.

Five Corners
fördert Liebe und Selbstliebe.

Heilen mit Farben – auch in der Nahrung – und Edelsteinen

Kardinalsrot ist die Farbe der Schützen und auch ihre stärkste Heilfarbe.

Rote bis violette Nahrung stärkt die Euphorie. Blaue und grüne aber hilft, zwischendurch auch einmal wieder zu sich selbst zu finden: Blaubeeren, Pflaumen, Borretsch, Salbei und Thymian beruhigen. Grün ist die Farbe der inneren Mitte und daher hin und wieder für den Schützen sehr heilsam. Grün lindert auch Bronchialbeschwerden: Gurke, Bohnen, Artischocke, grüne Paprika, Spinat, Mangold. Kiwis, Maracuja, Apfel, Birne, grüne Weintrauben.

Der Heilstein des Schützen ist der rote Turmalin, der der Überlieferung nach Ruhe schenkt und eine fanatische Lebensausrichtung sanft verhindert. Nach ägyptischer Überlieferung schenkt er Erleuchtung.

Psychotherapie, Körperarbeit, Meditation

Körperorientierte Psychotherapie: eine sehr effektive Form der Gestalttherapie.

Schamanische Reisen: Das ist für Schütze-Menschen eine extrem positive Heilungsreise.

Traumreisen und Imaginationstherapie entsprechen der visionären Kraft der Schützen.

Hot-Stone-Therapie: für die empfindlichen Gelenke ein Labsal. Vulkansteine werden erhitzt auf die strategisch wichtigen Punkte, auch die Chakren, gelegt.

Ayurvedische Fangotherapie: bindet Fango und Ayurvedische Massagetechniken zusammen.

Inana-Yoga: bei dem der Intellekt durch spirituelle Übungen herausgefordert und an seine Grenzen gebracht wird.

Biofeedback: bei dieser Heilmethode werden körperliche Vorgänge über elektronische Rückmeldungen erfahrbar gemacht.

Core-Schamanismus nach Michael Harner: Die schamanische Arbeit ermöglicht es, Ebenen zu erreichen, die sonst nicht zugänglich sind.

Lomi-Lomi: ist ein ganzheitlicher Weg zum Bewusstsein und zur Bewusstheit zu gelangen.

Steinbock

22. Dezember – 20. Januar

Steinbock ist das zehnte Zeichen des Tierkreises, das Tor der Einweihung; es ist ein spirituelles und erdiges Zeichen zugleich. Die eigentlich sehr viel stimmigere Bezeichnung dieses Tierkreiszeichens ist «Ziegenfisch», der sowohl in die tiefsten Erkenntnisebenen abtauchen kann als auch die höchsten Höhen des Verstehens, der göttlichen Einsicht, gewinnen möchte. Die Stellung des zehnten Zeichens und Hauses ist eine besondere, denn sie steht im Zenit des Horoskops und wird mit Berufung, Bestimmung, dem Weg der Erfüllung assoziiert. Steinbock ist weiblich, erdig, kardinal und wird meist ganz zu Unrecht ausschließlich als ehrgeiziges, materielles Wesen abgestempelt. Die spirituelle Seite des Steinbocks wird deutlich, wenn man berücksichtigt, dass die Tradition der Hindus mit ihren Weisheitslehren (den ältesten, die wir kennen) dem Steinbock zugeordnet wird, ebenso wie die orthodoxe Seite des Judentums, die dem Gott Jahwe entspricht. Sowohl im orthodoxen jüdischen Glaubenssystem als auch bei den Hindus finden wir klare Ordnungen; bei Letzteren das Kastensystem. Klare Regeln und Vorgaben, eine Struktur, das ist es, was Steinböcke in das Gesellschaftssystem einbringen. Sie ordnen, klären, regeln, unterweisen und haben enorme pädagogische Fähigkeiten. So sehr das religiöse System der Hindus auch einer Ordnung unterliegt, hat es doch eine große Öffnung zu sexuellen Themen. Sexualität ist nicht schuldbehaftet, sondern Teil des immerwährenden Schöpfungsprozesses. Auch Steinböcke haben eine starke Sexualität, aber eine strenge Sicht darüber, wie und wo Erotik, das Intime, gelebt wird. Alles an seinem Platz, zu seiner Zeit, das ist auch hier die Maxime. Da der Bezug zum orthodoxen Judaismus wie auch zum Hinduismus stark ausgeprägt sind, habe ich auch hier erlebt, dass Nahrungsmittel, die unter nicht-koscher oder tabuisiert einzureihen sind, nicht vertragen werden. Schweinefleisch, Kuhmilch, Widerwillen gegen Kalb- und Rindfleisch und starke Reaktionen darauf sind häufig. Steinböcke übernehmen viel Verantwortung in diesem Leben und gehen sehr oft den Weg des Karma-Yoga, den Weg, der die Vereinigung mit Gott sucht, durch rechtes Handeln, gute Worte und ein rechtes Leben. Sie bevorzugen, jede Handlung selbstlos auszuüben, ohne Haften an den Ergebnissen und in Übereinstimmung mit dem Dharma. Meiner Erfahrung nach sind Steinböcke keineswegs so fest geerdet, wie man gerne darstellt. Es gibt eine Menge Steinböcke, die sich auf diesem Planeten eher fremd und unbehaust fühlen und eine unbestimmte Sehnsucht spüren, nach etwas, das zutiefst harmonisch, friedlich, geordnet und von tiefer Liebe getragen und erfüllt ist. Das hindert sie jedoch meist nicht daran, die Last der Verantwortung in diesem Leben zu tragen. Und wenn sie etwas machen, dann richtig gut. Deswegen ist Erfolg auch ein Steinbock-Begriff. Anspruch, Ehrgeiz im Sinne von etwas Positives erreichen, Disziplin und Durchhaltevermögen sind ebenfalls keine theoretisch zugeordneten Begriffe, sondern gelebte Realität. Wer so viel Ansprüche an sich selbst und die eigene Aufgabenstellung pflegt, der ist natürlich auch nicht unbeschwert und locker. Die Pflicht ist immer wichtiger als das Vergnügen. Das abendliche Gefühl, etwas geleistet zu haben, ist immer beglückender als ein Tag der Muße und des süßen Nichtstuns. Wer so durchorganisiert ist und das Prinzip des »Maß für Maß« aus dem Biblischen so verinnerlicht hat, muss unbedingt dafür sorgen, dass Lebensleichtigkeit sowie das Auftanken und Auffrischen der Kräfte nicht zu kurz kommen. Die Gesundheit des Steinbocks profitiert von seiner Zähigkeit und Belastbarkeit, die vielleicht auch wieder durch das Maßhalten im Bereich Essen und Trinken gefördert wird. Zutiefst erfüllt durch Pflichterfüllung, das könnte die Überschrift über einem Steinbock-Leben sein. Bei Steinbock fällt mir immer die Bibelpassage ein, die besagt: «Unser Leben währet siebzig Jahre, wenn es hoch kommt, so sind es achtzig, und wenn es köstlich war, so ist es Mühe und Arbeit gewesen.» Dabei darf man nicht vernachlässigen, dass die Saturnalien, die dem Saturn gewidmeten Festtage im alten Rom, eine höchst vergnügliche, fast überschwängliche Angelegenheit waren. Und dass der bocksfüßige Pan dem Steinbock-Zeichen ebenfalls zugeordnet wird, der alles andere als maßvoll war, sondern eine bacchantische Seite bedient hat. Damit wären wir auch beim Schatten des Steinbocks: So wie jede Geigensaite reißt, wenn sie zu sehr gespannt wird, müssen auch die Disziplin und der Anspruch – übertrieben gelebt – irgendwann zusammenbrechen. Ein permanentes Unterdrücken von bestimmten Impulsen führt eventuell dazu, dass diese ein nicht mehr zu kontrollierendes Eigenleben führen, nicht selten in Form von Süchten. Ob Alkohol, Rauschmittel oder Esssucht, diese können sehr wohl auch beim hoch disziplinierten Steinbock auftreten. Speziell Steinböcke, die aus der Zwangsjacke der Pflicht nicht mehr herauskommen, sind anfällig für Süchte, meist stoffgebundener Art. Deswegen ist es so wichtig, beizeiten Entspannung zu lernen und Genuss zuzulassen. Empfänglich für spirituelle, psychologische und musische Unterstützung ist der Steinbock ganz sicher, denn die Bandbreite seiner Interessen und Talente ist ganz enorm. Enorm sind auch seine Lebenskräfte, die er aber hüten sollte. Eine besondere Aufgabe in diesem Leben heißt nämlich, Verantwortung zu übernehmen, nicht nur in der Außenwelt, für andere, sondern vor allem für sich selbst.

Astromedizinische Gesichtspunkte

Astromedizinisch gehört zu Steinbock: der gesamte Strukturaufbau des Organismus, Kalk, Knochen, Nägel, Zähne, der Bewegungsapparat, das Skelett, insbesondere die Knie. Letztere haben eine besondere Bedeutung. Sie dienen nicht nur der Fortbewegung, sie ermöglichen das Voranschreiten. Medizinisch gesehen ist das Kniegelenk mit seinen vielfältigen Funktionen und Bewegungsmöglichkeiten ein Wunderwerk. Es ist immer noch sehr viel schwieriger, ein Kniegelenk zu ersetzen, als beispielsweise eine Endoprothese, ein künstliches Hüftgelenk zu transplantieren. Durch die Knie wird die Anpassung an Höhenverschiebungen möglich, das Klettern, auch das Beugen, das In-die-Knie-Gehen oder Niederknien. Dies hat eine metaphysische Ebene. Steinbock gilt als Königszeichen und ist oft Ausdruck dafür, dass der Horoskopeigner in früheren Inkarnationen eine hohe Stellung innegehabt hatte, viel Macht und Ansehen also zur unbewussten Erinnerung gehören. Die Knie aber stehen für Demut, Kniebeugen ist und war eine Ehrenbezeugung, eine Art des Sich-klein-Machens vor einer Macht, die größer ist als man selbst. Das genau ist die Lektion, die Steinböcke oft in diesem Leben verinnerlichen: Sich beugen, auch vor dem Göttlichen, dem Schicksal. Die Knie sind oft das erste Organ, das den Steinböcken Schmerzen und Probleme bereitet. Die Angriffspunkte, seine gesundheitlichen Schwächen, ergeben sich aus dem Organbezug. Arthrosen jeder Art einschließlich entzündlicher Schübe, auch mit autoaggressivem Charakter, sind Steinbock-Erkrankungen. Das Durchhalten, weiter emsig die Aufgaben gut erledigen, keinen Schmerz zeigen, weiter funktionieren, das ist das psychische Modell, das Arthritis-Patienten zugeordnet wird. Auch das Zähne-zusammen-Beißen ist Steinbock-Manier und geht mit Abnutzung des Zahnapparates, Verhärtungen und Verknotungen im Bereich der Kiefergelenkmuskulatur einher. Das wiederum hat Auswirkungen auf die Halswirbelsäule. Wie wichtig der Zahnapparat ist, sieht man oft an Kopfschmerzen, die durch Verspannungen im Mund-Kiefer-Bereich entstanden sind. Verhärtungen, Verspannungen und Versteifungen sind die pathologischen Begriffe, die zu Steinbock dazugehören. Enge und Verhärtung können auch im Inneren eine Rolle spielen und nach dem Prinzip »wie innen so außen« ihre Krankheitsentsprechungen nach sich ziehen. Steinböcke dürfen nicht zu starr werden, nicht so verhärten! Steinbock-Erkrankungen entwickeln sich meist langsam, mit der Tendenz, chronisch zu werden. Erkrankungen am Bewegungsapparat gehen meist mit einer zunehmenden Einschränkung der Bewegung einher. Die Belastung der Gefäße gehört tendenziell ebenso zu den Steinböcken, sie rührt vom Perfektionismus her, unter dem sich Gefäße eng stellen, was dazu führt, dass diese ab einem bestimmten Stadium in dieser Anspannung – Engstellung – verweilen und Bluthochdruck produzieren! Depressionen können bei Steinböcken tiefschwarz ausfallen. Hier spielt meist die übermäßige Selbstkritik – das Über-Ich, das Strenge – eine ausschlaggebende Rolle. Die innere wertende Instanz, den Richter in sich selbst milder zu stimmen, ist eine manchmal lebensumfassende Aufgabe. Depressionen haben viele Gesichter. Das Sisi-Syndrom, das mit Überaktivität, starker Disziplin, Rastlosigkeit, Arbeitswut und starren Kontrollmaßnahmen, auch bei der Ernährung, einhergehen kann, ist eine Steinbock-Depression. Ebenso Zwangshaltungen, Waschzwang, Perfektionszwang und Kontrollzwang sind dem Steinbock zugeordnet. Wehret den Anfängen: Wer dreimal überprüft, ob er die Haustür auch wirklich abgeschlossen, den Herd ausgeschaltet oder das Konzept hundertprozentig richtig aufgestellt hat, der sollte diesem Verhalten bewusst entgegenwirken. Ganz häufig finde ich bei Steinbock-Menschen die sogenannte Urlaubsdepression: die Unfähigkeit, von Pflicht loszulassen und sich einfach ins Vergnügen hineinfallen zu lassen. Immer dann, wenn der Tag nicht mit Arbeit und Pflichten – Erfolgen – gefüllt ist, steigt Unbehagen auf. Das kann soweit gehen, dass zwanghaft an alle möglichen Verfehlungen und Versäumnisse gedacht wird, bis hin zu dem Punkt, wo man den

Urlaub abbrechen muss, um sich selbst auszuhalten. Die Haut als Abgrenzungsorgan entspricht ebenfalls dem Steinbock und ist häufig sensibel. Psoriasis mit vermehrter Schuppenbildung ist ein Versuch, sich nach außen abzuschirmen. Steinböcke sind viel verletzlicher, als sie nach außen zeigen, daher brauchen sie Schutz. Die Magenempfindlichkeit ist typisch Steinbock, insbesondere wenn unter Anspannung und Anspruch zu viel Säure gebildet wird und diese den Magen andaut. Auch das Beherrschtsein des Steinbocks hat eventuell Folgen; die Bildung von Konkrementen als Ausdruck verhärteter, verdichteter – Gestalt gewordener – Emotionen und Impulse, z.B. als Steinbildung in Gallenblase und Nieren. Auch das Alter, der Alterungsprozess ist Steinbock zugeordnet, obwohl dies natürlich keine Krankheit darstellt, aber mit Abbauprozessen einhergeht. Der Verlust von Vitalität, Attraktivität und der Schaffenskraft werden jedoch vom Steinbock manchmal fast als Krankheit empfunden. Obwohl die Regel, Steinbock wird wie alter Wein mit den Jahren immer besser, tatsächlich stimmt. Steinbock-Menschen stellen sich oft bis ins hohe Alter durchdrungen von enormer Initiative, Strahlkraft und einer fast klaren Schönheit dar. Trotzdem: Irgendjemand hat einmal gesagt: Es erfordert viel Mut, alt zu werden. In Gelassenheit, aber schöner Lebendigkeit älter zu werden, das ist die Steinbock-Variante, wenn es gut läuft.

Irisdiagnostisch findet man bei Steinböcken häufig den Sklerenring als Zeichen einer Gefäßbelastung, Rheumaflocken, Gichttophi oder den sogenannten Ehrgeizmagen, der für eine autoaggressive, die Schleimhaut traktierende Haltung steht. Pigmente im Gallensektor sind ein Hinweis auf Steinbildung. In der Niere bildet sich die sogenannte Steinstraße. Gallenwegsdyskinesien und -reflux sieht man an Stauungszeichen im Gallengangbereich. Den Apoplektikerring nimmt man als Hinweis auf Bluthochdruck wahr, die aufsteigende Transversale zum Herzen als Zeichen für Gefäßverengung und Sauerstoffunterversorgung am Herzen durch Perfektionismus. Letzteres ist immer ein Warnzeichen, ein wichtiger Hinweis, dass der Lebensrhythmus geändert werden muss. Gute Erfolge hat hier die Transzendentale Meditation (TM) nach Maharishi Mahesh Yogi gezeigt. Das ist eine Mantra-Meditation, die nachweislich die Gefäße weiterstellt und die zu tiefer Entspannung führt. Meditation verändert das Bewusstsein, deswegen wirkt sie tiefer als andere Körperarbeiten oder Fitnessübungen.

Wie geht der Steinbock mit Erkrankungen um? Generell kann man eines sagen: So weise, so bereit, das Leben umzustellen, wie man meinen könnte, ist der Steinbock eher nicht. Zwar ist er durchaus akribisch dabei, wenn es um die Einnahme von homöopathischen Arzneien und Phytotherapeutika geht. Auch die Ernährungsumstellung ist kein Problem. Urlaub machen, z.b. wandern, was bei Gefäßerkrankungen fast schon Wunder bewirkt, dafür ist er theoretisch zu begeistern. Aber: Wie bekommt er das in seinem Terminplan unter? Er ist immer bereit, das Maßhalten bis hin zur Selbstkasteiung zu perfektionieren. Keinen Alkohol mehr, kein Fleisch, keinen Zucker (schon etwas schwerer!), keinen Weizen, keine Konservierungsstoffe, alles macht er eifrig mit. Essen, Trinken, Feiern, das einzuschränken spricht seine natürlichen Regungen zutiefst an. Aber die Arbeit? Da Abstriche zu machen ist eine echte Herausforderung. Selbst nach echten Einschnitten und ernsten Erkrankungen ist er erst einmal wild entschlossen, kürzerzutreten, um dann nach drei bis vier Monaten festzustellen, dass eigentlich alles wieder beim Alten ist. Der Versuchung, Pflichten zu übernehmen, kann er nicht widerstehen, der Erfolgsfaszination ebenso wenig. Vielleicht ist es für Steinböcke gar nicht so gut, mit dem Arbeiten ganz und gar aufzuhören. Zu reduzieren, wie es viele Selbstständige praktizieren, aber weiter aktiv am Arbeitsprozess teilzuhaben, das entspricht ihm viel mehr. Wer rastet, der rostet – für Steinböcke ist darin eine tiefe Weisheit enthalten.

Steinbock – anatomische Entsprechung der Tierkreisgrade

Einteilung nach Ebertin	
1°	Kniescheibe rechts
2°	Kniescheibe links
3°	Hautnerven der Oberschenkel (Gesichtssinn)
4°	Hautnerven der Unterschenkel
5°	Hautnerven der Knie
6°	rechter Schenkelanzieher
7°	linker Schenkelanzieher
8°	Lymphgefäße
9°	Knienerven
10°	rechtes Kniekreuzband
11°	linkes Kniekreuzband
12°	rechtes Kniegelenk
13°	linkes Kniegelenk
14°	rechter Knorpel
15°	linker Knorpel
16°	rechter Knorren
17°	linker Knorren
18°	rechte Bänder
19°	linke Bänder
20°	rechte Sehnen
21°	linke Sehnen
22°	Muskelenden vom Ober- zum Unterschenkel
23°	Muskelenden vom Ober- zum Unterschenkel
24°	Muskelenden vom Ober- zum Unterschenkel
25°	Verbindungen zwischen Schenkeln

Einteilung nach Ebertin	
26°	Verbindungen zwischen den Schenkeln
27°	tief liegende Nerven
28°	rechte Kniearterie (Haare)
29°	linke Kniearterie (Bronchitis)
30°	Schenkelanzieher

Einteilung nach Wemyss		
Krebs/Steinbock		
Grad	anatomische Entsprechung	pathologische Entsprechung
0°	oberer Teil des Rumpfes	Erfrierungen und Erkältungen
1°	oberer Teil des Rumpfes	Indigestion, Katarrhe, Grippe
2°	oberer Teil des Rumpfes	chronische rheumatische Beschwerden
3°	oberer Teil des Rumpfes	
4°	Ohren	Taubheit
5°	Ohren	Polypen
6°	Ohren	
7°	Nieren	Polypen
8°	Knochen	Knochenbrüche, Arthritis
9°	Herz	Herzkrankheiten
10°	Herz	Herzödeme
11°	Herz	
12°	Herz	
13°	Herz	
14°	Herz	grauer Star

Einteilung nach Wemyss		
15°	Herz	
16°	Herz	
17°	Herz	
18°	Herz	Tumore
19°	Gallenblase	Verstopfung, Gallensteine
20°	Gallenblase	Ertrinken, Atemnot
21°	Gallenblase	
22°	Gallenblase	
23°	Gallenblase	
24°	Gallenblase	
25°	Gallenblase	Atemstörungen
26°	Gallenblase	
27°	Gallenblase	
28°	Gallenblase	Quetschungen
29°	Gallenblase	
30°	unterer Bereich des Rumpfes	

Empfindlichkeiten und Allergiebereitschaft

1° – 7° Steinbock

Nicht stark inkarnierte Seelen, die mit den harten Schwingungen dieses Planeten nicht immer problemlos fertig werden. Zu einem ausgeprägten Einsamkeitsgefühl kommt eine extreme Empfindlichkeit auf Nahrungsmittel, Nahrungsmittelzusätze, Konservierungsstoffe, Farben, Elektrosmog und Chemikalien hinzu.

Nahrungsmittelunverträglichkeiten äußern sich oft über Abwehrschwäche, nervale Symptome, Energielosigkeit, Ängste, Depressionen und Schlafstörungen. Starke Reaktion auf disharmonische Situationen mit der Tendenz zu Störungen im hormonellen Regelkreis, Schilddrüse, Nebenniere.

7° – 9° Steinbock
Tendenz zu Lymphstauungen, Wassereinlagerungen und Magenpolypen, Dickdarmpolypen, Divertikel.

10° – 13° Steinbock
Ambivalentes Verhalten, Tendenz zur Kasteiung, die dann in exzessives Verhalten, auch autoaggressiver Art, umschlägt.

13° – 15° Steinbock
Bluthochdruck, Depressionsneigung, Gefäßbelastung.

15° – 18° Steinbock
Nahrungsmittelunverträglichkeiten, Kuhmilcheiweiß, Knoblauch, Eiklar, Zitrusfrüchte, Schweinefleisch, weißer Zucker. Eventuell auch Ziegen- und Schafsmilch, Soja. Gaster nervosa, Reizdarm bis hin zu chronischen manifesten Entzündungen im Dickdarm, eventuell auch Morbus Crohn. Auch Arthritis.

22° – 23° Steinbock
Schleimhautirritationen in Magen, Dünn- und Dickdarm. Unverträglichkeit von Kuhmilcheiweiß.

26° – 29° Steinbock
Tendenz zu Schilddrüsendysregulation. Empfindlichkeit der Schleimhäute in Magen, Darm, Uterus, Ovarien und Blase. Unverträglichkeit von Kuhmilcheiweiß, Knoblauch und Bärlauch. Tendenz zu chronisch entzündlichen Darmerkrankungen wie Morbus Crohn und seltener Colitis ulcerosa, manchmal auch als Mischbild. Entzündliche Folgereaktionen auch im rheumatischen Bereich.

Ernährung

Steinböcke essen gerne Gemüse, Obst, Salate sowie Kartoffeln in allen Variationen und Zubereitungsformen. Das scheint ein Selbstregulativ des Körpers zu sein, denn hierbei handelt es sich um eine basische Kost, die rheumatische und andere Gelenkerkrankungen deutlich verringert. Auffällig ist, dass bei uns in Europa, wo rheumatische Erkrankungen eine dominante Rolle spielen, Kartoffeln ein Hauptnahrungsmittel sind. Oder besser gesagt waren, denn das Kochen und gemeinsame Essen als Familie, als Gemeinschaft, gerät leider immer stärker in Vergessenheit. Da geht viel mehr verloren als nur eine natürliche, gesunde Ernährung. Auch der Aspekt der Kommunikation sowie das Familien verbindende Ritual des gemeinsamen Essens scheinen ganz in Vergessenheit zu geraten. Fleisch ist bei Steinböcken nicht wirklich ein Favorit. Dies ist fast eine Selbstheilung bei seinen Empfindlichkeiten. Wenn aber doch, dann sollten es Huhn, Lamm, Wild, vor allem aber kein Fleisch von gemästeten Tieren sein. Fisch in allen Variationen ist herzfreundlich. Da es sich hierbei um eine andere Eiweißgruppe handelt, ist er auch für Rheumatiker gut tolerierbar. Ein echtes Heilmittel bei Rheuma sind Enzyme! Diese sind vor allem in tropischen Früchten, aber auch in heimischen Erdbeeren reich vorhanden. Entsäuernd wirken Kartoffeln, Pastinaken, Spargel, Süßkartoffeln und Kohlrüben, die sehr wertvolle Stoffe und Aminosäuren enthalten. Bewusstes Durchspülen mit Wasser ist ein Muss. Bier, aber bitte obergärig, ist auch ein gutes Drainagemittel, natürlich maßvoll dosiert. Gestresste Steinböcke lieben Süßes! Honig, Rohrzucker und Traubenzucker, daraus gibt es leckere Süßigkeiten, die auch wohltuend auf den Organismus wirken.

Dem Steinbock entspricht astrologisch:
Fleisch: Huhn, Lamm, Wild. Vorsicht bei Innereien (Gichttendenz)

Fisch:	alle Sorten außer Aal und Austern; Meerestiere nicht regelmäßig verzehren, der Gichttendenz wegen.
Gemüse:	Kartoffeln, Bataten, Pastinaken, Süßkartoffeln, Rüben, Mairübchen, Teltower Rübchen, Kohlrabi, Karotten, Stangenbohnen, Buschbohnen, Schwarzwurzeln, Kohlsorten, insbesondere Wirsing, Spargel, grüner Salat.
Obst:	Apfel, Birne, Banane, Aprikose, Nektarine, Passionsfrucht, Wassermelone; enzymreiches Obst: Erdbeeren, Papaya, Ananas, Mango
Getreide:	Amaranth, Dinkel, Roggen, Hirse

Hilfreiche Elemente auf dem Weg zum Wohlbefinden

Homöopathie

Arsenicum album

Das klassische Konstitutionsmittel für Steinböcke ist Arsen. Das Temperament der Steinböcke wird hier eins zu eins gespiegelt. Pedantisch, detailgetreu, akribisch, emsig, auch bei ungeliebten Arbeiten diszipliniert dabei, all das prädestiniert für Berufe, die Genauigkeit voraussetzen. Der Perfektionsanspruch zeigt sich selbst im Outfit, immer korrekt, immer gepflegt bis in die Fingerspitzen, und das selbst beim Freizeitlook. Der große Homöopath Constantin Hering bezeichnete den Arsen-Typus als den Menschen mit dem goldenen Spazierstock. Arbeitseifer, Disziplin und Ehrgeiz sind beherrschende Themen. Ohne Erfolge und eine bedeutsame Aufgabe erscheint das Leben oft leer. Arbeit als Mittel, gegen die Depression anzukämpfen, ist bei Arsen und den Steinböcken nicht unüblich. Leistung stellt einen Wert dar und macht selbst wert- und bedeutungsvoll. Ansehen ist wichtig. Daraus ergibt sich das Leitsymptom: Erwartungsangst sowie Bedenken, was andere Menschen denken oder sagen könnten; Misstrauen und Vorsicht, man darf sich nichts vergeben. Zwanghafte Ordnungsliebe und Sauberkeit, ein hoher Anspruch, der erschöpfen kann. Ängstlichkeit, besonders nachts, um und nach Mitternacht, mit Ruhelosigkeit. Angst vor Krankheit, vor Mangel, vor Imageverlust, vor Abhängigkeit. Die Furcht vor Krankheit speziell kann fast eine Art Sauberkeitswahn auslösen. (Türklinken werden nicht angefasst, stattdessen Türen mit dem Ellenbogen geöffnet, ein Sagrotantuch ist immer zur Hand, um Gegenstände zu desinfizieren. Selbst das Essservice wird nach dem Geschirrspülen noch einmal mit hochprozentigem Alkohol gereinigt.) Penibel und wählerisch ist diese Persönlichkeit sowohl bei der Ernährung als auch bei der Wahl der Therapeuten. Reizbar, unter Druck, schlaflos, weil oft überkontrolliert.

Bryonia
Leitsymptome: Träumt immer von Geschäften, ist permanent mit Arbeit und Pflichten befasst. In Erschöpfungsphasen ist Bryonia hilfreich, wenn diese durch Überforderung und übermäßigen Arbeitseinsatz entstanden sind. Ein gutes Homöopathikum bei Gallenbeschwerden.

Silicea
Gewissensangst und Gewissenhaftigkeit sind besondere Silicea-Schlüsselworte. Lampenfieber wegen des Anspruchs, alles besonders gut machen zu wollen, der Beste zu sein, sich keine Blöße zu geben. Versuch, sich mit Perfektion zu behaupten und unangreifbar zu werden. Ehrgeizig. Lässt sich nicht trösten, obwohl eine tiefe Sehnsucht nach Wärme, Angenommenwerden und Trost vorhanden ist. Nervöse Erschöpfung, Müdigkeit nach geistiger Anstrengung, Mangel an Lebenswärme. Eigensinnig, beherrscht, reizbar. Kopfschmerzen durch Anspannung.

Ledum
Passt zur gichtig-rheumatischen Diathese. Rheumatische Beschwerden, auch Gelenkbeschwerden, die von unten nach oben

steigen. Gelenke werden knotig, gichtig und schmerzen. Akute und chronische Arthritis. Verschlimmerung: nachts, in der Bettwärme, durch Wein, Eier, tierisches Eiweiß.

Acidum benzoicum
Auch bei gichtig-rheumatischer Diathese, gichtiger Konkrementbildung sowie Arthropathien, speziell der Knie. Knacken der Gelenke, Schmerzen sind ziehend und stechend, Röte und Schwellungen der Gelenke.

Rhus toxicodendron
Ein passendes Mittel bei rheumatischen Beschwerden, die einhergehen mit einer Empfindlichkeit gegen Kälte und Nässe. Angst und Ruhelosigkeit, besonders in der Nacht und bei Schmerz.

Phytotherapie

Indischer Weihrauch
ein tief greifendes Mittel bei rheumatischen Beschwerden, die mit entzündlichen Schüben einhergehen.

Enzyme
gibt es als Fertigpräparate in der Apotheke, wie z.B. Bromelain. Enzyme spülen Entzündungen aus, auch im Zahn-Kiefer-Bereich.

Efeu
ist eine Saturn-(Steinbock)-Pflanze und hilft gut bei Erkältungen, bei Husten.

Johanniskraut
hellt die Stimmung auf, bei Depressionen, die insbesondere durch Lichtmangel entstehen.

Teufelskralle
eine Arzneipflanze, die aus Afrika stammt und bei Rheuma gute Erfolge bringt.

Brennnessel
spült durch, entsäuert, entgiftet, entschlackt.

Schüßler-Salze

Calcium phosphoricum
kräftigt die Zähne, Knochen, Bänder, gibt Struktur und wirkt aufbauend bei geistiger Erschöpfung.

Kalium sulfuricum
das Generalreinigungsmittel, optimiert die Schlackenausscheidung und entgiftet. Ein Stoffwechselsalz, das gerade bei Rheuma hilfreich ist.

Kalium arsenicosum
bei entzündlichen Veränderungen an Haut und Schleimhaut.

Natrium bicarbonicum
bindet und neutralisiert einen Säureüberschuss. Wohltuend auch bei Magenübersäuerung.

Bach-Blüten

Beech
die Steinbockblüte, wie sie im Buche steht. Beech lockert die innere Strenge und Anspruchshaltung auf.

Aspen
bei unerklärlichen, diffusen Ängsten, wie z.B. Existenzängsten, die keinen realen Bezug haben.

Pine
lockert die Tendenz zu Selbstvorwürfen und Depressionen, deren Ursache Schuldgefühle sind.

Rock Water
bei übermäßiger Arbeitswut, die mit Selbstkasteiung einhergeht.

Australische Busch-Essenzen

Boab
fördert das Loslassen pessimistischer und zwanghafter Gedan-
kenmuster und hilft, negative Familienaufträge abzulösen.

Bush Fuchsia
hilft, die linke und rechte Gehirnhälfte in Harmonie zu bringen
und Gefühle zuzulassen, statt immer auf Durchhalten zu setzen.

Dog Rose
fördert Zuversicht, Mut, Vertrauen und hilft, Angst und Schüch-
ternheit zu überwinden.

Five Corners
die Blüte, die ein adäquates Selbstwertgefühl aufzubauen hilft.
Fördert Liebe und Selbstliebe.

Heilen mit Farben – auch in der Nahrung – und Edelsteinen

Die Farbe des Steinbocks ist Weiß, eine Nichtfarbe, die auch
seinem Wunsch nach Reinheit entspricht. Energie aber schenkt
die Farbe Gelb.

Bei der Ernährung sind insbesondere Banane, Wirsing, gelbe
Äpfel und Zuckermelone extrem energetisierend.

Der Heilstein des Steinbock ist der Bergkristall, das gefrorene
Wasser Gottes, wie Hildegard von Bingen so schön sagt. Er
schenkt Bewusstheit und tiefe Einsichten, Klarheit!

Psychotherapie, Körperarbeit, Meditation

Klassische Analyse: Wenn diese tief greifende Reise in die Seele
gewählt wird, dann sollte möglichst nach C. G. Jung vorgegan-
gen werden, d.h. ein Jungianer sollte die Analyse vornehmen.

Denn hier gibt es Rückmeldungen des Therapeuten, ohne die der Steinbock sich noch mehr in sich selbst zurückziehen könnte.

Tai-Chi-Meditation: fließend, dynamisch, in Harmonie bringend.

Shiva-Netra-Meditation: Diese Meditation öffnet das dritte Auge und hilft, der Hellsichtigkeit mehr zu trauen.

Laithan: eine Meditation in andächtiger Stille, deren Ziel es ist, Kontrolle abzugeben und sich einer höheren Instanz hinzugeben.

Tanztherapie: Ideal, um ein besseres Körpergefühl zu entwickeln und der Genussseite des Lebens näherzukommen.

Wandern: Die Fitnessvariante für Steinböcke.

Gartenarbeit: Das hat für Steinböcke etwas Meditatives und zutiefst Entspannendes. Heilt über den Kontakt mit Erde.

Akupunktur: eine probate Therapie bei Rheuma und Gelenkbeschwerden, wirkt zudem ausbalancierend auf das Energiefeld des Organismus.

Schwedische Massage: eine wohltuende Massage, die einen tief heilenden Effekt hat.

Polarity Massage: Ausgleich polarer Energie ist der Grundgedanke und Heilungsansatz dieser Körperarbeit. Speziell bei Rheuma hilfreich.

Qi-Massage: löst Blockaden im Energiefluss.

Die Ahnen um Hilfe zu bitten und diese in die Leib-Geist-Seelenarbeit einzubinden, ist gerade Steinböcken oft ein Anliegen.

Wassermann

21. Januar – 19. Februar

Das Tierkreiszeichen Wassermann ist männlich, fix und luftig, eigentlich von geistiger Luftigkeit. Wassermann hat rebellische, exzentrische, unangepasste Facetten, aber auch eine ausgeprägte soziale und spirituelle Seite. Es ist das elfte Zeichen und steht richtig gesehen für den hoch entwickelten, vervollkommneten Menschen. Wassermann ist das einzige Tierkreiszeichen, das durch eine menschliche Gestalt symbolisiert wird. Der Wassermann wird kniend dargestellt, hat eine sowohl dienende als auch herausgehobene Position, denn er ist ausersehen, die kosmischen Wasser des höheren Bewusstseins auszugießen. Diese Ambivalenz, einerseits einen Dienst am Menschen zu leisten, andererseits herausgehoben zu sein aus dem allgemeinen Geschehen, ist Teil seiner Identität, seines archetypischen Charakters und Verhaltens. Wassermann-Geborene gehören nie wirklich dazu. Sie engagieren sich einerseits für die Dritte Welt, für Ausgestoßene, Erniedrigte und Beleidigte, bleiben dabei aber oft seltsam unverbunden und isoliert im ganz persönlichen Geschehen. Die Außergewöhnlichkeit des Wassermanns zeigt sich oft schon darin, dass er diese Lebensbühne auf ungewöhnliche, urplötzliche, exzentrisch-dramatische Weise betritt. Ob im Flugzeug, weil die Mutter ihrem Bedürfnis nach Reisen noch einmal nachgehen wollte oder zur Flugreise durch bestimmte Umstände gezwungen war; ob im Krankenwagen, weil die Geburt unerwartet schnell vorangeht; ob im Zug, Taxi, als Früh- oder Sturzgeburt, in jedem Fall ist dieses plötzliche

Erscheinen auf dieser Erdenbühne nicht nur für die Mutter eine Herausforderung. Oft stellt es fast einen Schock dar, ohne rechte Vorbereitung und ohne eine Mannschaft professioneller Helfer die Geburt meistern zu müssen. Dies erzeugt seelische Muster, die übrigens auch eine körperliche Entsprechung haben können, und bleibend sind. Wenn z.B. die Mutter in ihrer Not versucht, die Wehen und damit das Kind zurückzuhalten, wird im späteren Leben oft das Gefühl auftreten, nicht rauszukönnen. Mit den Begleiterscheinungen von Panikattacken in geschlossenen Räumen, dem Nicht-durchatmen-Können, dem Gefühl, von irgendetwas zurückgehalten zu werden. Hyperventilation als reflektorische Störung begleitet diese Angst auffällig oft und ist gehäuft bei Wassermann-Geborenen zu finden. Da Wassermann auf dieser Erde immer irgendwie auf dem Sprung ist, er zwar hier ist, gleichzeitig auch angeschlossen an ein höheres Ideal, ist seine visionäre Kraft enorm, seine Fähigkeit, Dinge und Ereignisse im Vorfeld zu ahnen, sein Vorzug und der Garant dafür, dass er dem Zeitgeist sogar immer um eine Länge voraus ist. Alle Prozesse laufen beschleunigt ab. Seine Gedankenmodelle sind faszinierend, die Gedankensprünge für andere manchmal eine echte Herausforderung. So viel Beschleunigung hinterlässt Spuren. Seine nervliche und körperliche Konstitution ist ohnehin nicht die stabilste, und die Rasanz seines Daseins reibt zusätzlich auf. Typisch sind die Ambivalenz, einerseits auf diesem Planeten ankommen zu wollen und andererseits die Angst davor, zu sehr geerdet zu sein. Auch das Einlassen auf Menschen ist ein echter Drahtseilakt. So zu sein wie andere, zumindest in der Kindheit, ist eine verständliche Sehnsucht. Aber wenn er es tatsächlich versucht oder so tut als ob, entsteht großes Unbehagen, das Bild ist künstlich und stimmt nicht. Getragen von der Vision einer besseren Welt ist Wassermann emsig und hochsozial dabei, Verantwortung für andere, für diesen Planeten zu übernehmen. Aber Freiheit, Gleichheit und Brüderlichkeit? Diese Wassermann-Zuschreibungen stimmen nach meiner Einschätzung nur bezogen auf den ersten Begriff, die Freiheit.

Astromedizinische Gesichtspunkte

Da sich viele Wassermann-Menschen auf dieser Erde nur halbherzig inkarniert haben, immer aufbruchbereit sind, gehören astromedizinisch auch die Sprunggelenke, die Unterschenkel, Waden und die Achillessehnen zu diesem Zeichen dazu. Das passt auch insofern, als Wassermann sich weit über sich selbst hinaus entwickeln möchte und gerne über den Dingen schwebt.

Zugeordnet ist Wassermann das Nervensystem und damit auch Erkrankungen des Zentralnervensystems sowie nervöse Störungen. Auch die Hyperaktivität, unter der zwar schon immer Kinder und Erwachsene litten, die jetzt aber gehäuft bei Kindern auftritt, gehört zu Wassermann. Die sogenannte ADS-Symptomatik, das angebliche Aufmerksamkeitsdefizit-Syndrom, ist meiner Meinung nach etwas ganz anderes: nämlich eine erweiterte Wahrnehmung, die es schwer macht, zu fokussieren und alles, was an Informationen, Bildern und Inspirationen überschwemmt, auszuhalten. Der Blutkreislauf und das Reizleitungssystem des Herzens gehören zu Wassermann. Wie heißt es so schön: Wer mit spirituellen Fragen befasst ist und auf diesem Planeten Ungleichgewicht und Dysbalance ausgleichen will, braucht ein starkes Herz, um all das Unrecht aushalten zu können. Die Erkrankungen und Befindlichkeitsstörungen des Wassermanns ergeben sich aus dem Organbezug und seinen vielen Allergien und Nahrungsmittelunverträglichkeiten, die teilweise auch daraus resultieren, dass er in dieses Erdendasein manchmal etwas unvorbereitet hineingeworfen wurde und ihm oftmals eine irdische Schutzschicht fehlt. Analog dazu sind Haut und Schleimhäute häufig extrem empfindlich. Nahrungsmittelallergien sind Primärallergien; Pollen-Gräser-Tierhaar-Allergien usw. sind dagegen Sekundärgeschehen, die sich auf die Primärallergie draufsetzen. Deswegen ist speziell beim Wassermann mit seinen empfindsamen, zu Reizzuständen tendierenden Schleimhäuten das Wissen um seine Unverträglichkeiten so wichtig, auch um das Immunsystem zu entlasten. Die häufigste Unverträglichkeit bezieht sich auf Weizen. Aber auch andere Körner wie Gerste, Roggen und Dinkel können z.B. Durchfall auslösen. Möglicherweise handelt es sich sogar um eine nicht erkannte Glutenunverträglichkeit. Besonders bei Wassermann wird bei der Anamnese häufig erwähnt, dass im frühen Kindesalter rätselhafte Ernährungsstörungen aufgetreten seien und das Kind in einem Krankenhaus behandelt werden musste. Natürlich ist nicht jeder Durchfall Ausdruck einer starken Schleimhautschädigung, Zöliakie oder einheimischer Sprue oder einer anderen massiven Unverträglichkeit. Es gibt aber durchaus chronisch-entzündliche Reaktionen, die z.B. bis zum Morbus Crohn gehen können und für Ernährungsstörungen stehen. Körpersignale sollten – speziell von Wassermann-Geborenen – sehr ernst genommen werden. Meiner Meinung nach ist das Schmerzempfinden dieser Menschen nicht gut ausgebildet. Durchaus behandlungsbedürftige Störungen werden einfach übergangen und können dann tatsächlich chronisch werden oder eine ungeahnte Brisanz entwickeln. Jede Allergie, die unbeachtet bleibt, greift das Immunsystem an, verwirrt und erschöpft es auf Dauer und hinterlässt Schleimhautveränderungen.

Zu Wassermann-Erkrankungen gehören: Venenentzündungen, Gefäßlabilität, Venenklappendefekte, Krampfadern, Bindegewebsschwäche, auch häufiges Umknicken der Knöchel. Rhythmusstörungen als Folge einer irritierten Reizausbreitung des Herzens oder als Zeichen dafür, dass die natürlichen Körperrhythmen in Disharmonie geraten sind. Bei allem Tempo, aller Eile und starken Lebens- und vor allem Geistesaktivitäten braucht der Wassermann einen gewissen Rhythmus, mag dieser auch noch so exzentrisch nach außen wirken. Ebenfalls den Wassermann-Erkrankungen zugerechnet ist das CFS, das Chronische Müdigkeitssyndrom, das zu den etwas rätselhaften Erscheinungen, die extrem quälend sein können, gehört. Weiter: Schilddrüsendysregulation, auch autoaggressiven Charakters, Hashimoto und neurologische Leiden. Multiple Sklerose, die nach meiner Beobachtung eine starke Mond-Uranus-Affinität aufweist, ist Wassermann zuzuordnen, desgleichen Parkinson. All das sind natürlich Tendenzen, allerdings habe ich deren Stimmigkeiten tatsächlich bestätigt bekommen. Das psychologische Modell von Parkinson geht von einer Persönlichkeit aus, die starke Ängste extrem unterdrückt. Angst ist jedem Tierkreiszeichen bekannt, nur die Umgehensweise ist sehr unterschiedlich. Das Unterdrücken von Ängsten auf einer ganz tiefen Ebene ist durchaus typisch für den Wassermann, das Zittern auch, denn dies hat einen Uranus-Bezug. Allerdings glaube ich nicht, dass man einer Parkinson-Erkrankung entgeht, wenn man seinen Uranus lebt oder austobt. Es bleiben immer Fragen offen, ein kosmischer Schleier, der nicht so einfach zu lüften ist. Schizophrenie gehört ebenfalls zu Wassermann, dies ist eine Geisteskrankheit, bei der das Denken zerfällt. Es gibt Theorien, die besagen, dass Schizophrene die irdische Brille, durch die «Normale» sehen, abgesetzt haben. Dass sie die Dinge so sehen, wie sie tatsächlich sind. Ein Tisch ist dann kein Tisch, sondern eine Verbindung von rasenden Molekülen. Auch hier gilt: Wir wissen einfach viel zu wenig und sind von echtem Verstehen Lichtjahre entfernt. Ganz wichtig ist es bei Wassermann, die Eigenwahrnehmung zu verbessern, denn durch die tausend Antennen, mit denen er die Atmosphäre erspürt, ist er ständig auf Außenempfang ausgerichtet, zulasten der Selbstwahrnehmung. Typisch ist auch seine permanente geistig-mentale Aktivität, die fast ein rastloses Rotieren von Gedanken, Ideen, Visionen und Plänen darstellt. Diese Überaktivität, die durchaus in Übererregbarkeit ausarten kann, sanft zu harmonisieren, wäre heilsam. Besonders empfindlich ist auch die Haut des Wassermanns, speziell bei den ersten acht Graden dieses Zeichens. Berührung von außen, von Menschen, die nicht dazu eingeladen wurden, mit deren Schwingungen der Wassermann nicht harmonisch in Resonanz ist, werden als Zudringlichkeit empfunden und oft über Hauterscheinungen abgewehrt. Herpes simplex z.B., ein Befall an der Lippe, wird im Volksmund oft mit Ekel assoziiert und drückt damit viel von der Abwehr aus, zu der man in bestimmten Situationen fast reflektorisch neigt.

Irisdiagnostisch finden sich bei Wassermann häufig: die sensible Iris mit ganz feinen Radiären, die Maßliebcheniris als Zeichen der Bindegewebsschwäche, die Solarstrahlen, Zeichen der Durchblutungsstörungen, der Neurosering als Ausdruck starker Berührbarkeit, der Hautring, Zeichen für mangelhafte Ausscheidung und Entgiftung über die Haut. Neurolappen als Anzeichen dafür, dass Krankheiten sehr stark seelisch überlagert sind. Das spitze Pupillendach, ein Zeichen für eigenwillige Exzentrik, weisen übrigens viele Künstler bei der Irisdiagnostik auf. Genialität zeigt sich eben auch so. Venenstauungszeichen, nervöse Herzzeichen, z.B. weiße Linien durch den Herzsektor, die sogenannten Ärgerlinien am Herzen, die darauf hinweisen, dass Ärger Herzsensationen auslöst. Aufhellungen im Darmsektor, bei Darmschleimhautreizungen und Allergieaufhellungen.

Und wie verhält sich der Wassermann bei Erkrankungen? Ungeduldig! Zuerst einmal ist es wichtig für ihn, seine Missempfindungen überhaupt wahrzunehmen. Seine hochfliegenden Gedanken und Faszinationen betäuben oft die Körperempfindungen. Ruhe und Schonung sind ohnehin für ihn eine Zumutung. Zunächst wird er wahrscheinlich versuchen, über Symptome hinwegzugehen, anschließend selbst mit Hausmitteln oder in Eigentherapie, z.B. mit seiner homöopathischen Hausapotheke, mit Tees und Kräutern, in Aktion gehen. Der nächste Schritt ist dann, ein Verständnis dafür zu entwickeln, warum er krank geworden ist. Was ist der Auslöser, was der Grund? Wassermann-Menschen können in alles einwilligen, wenn sie einen höheren Sinn darin sehen. Ist eine wirkliche Therapie nötig, dann ist der Wassermann erst eifrig, dann gewohnt sprunghaft dabei. Klassische Homöopathie ohne Variationen, ohne andere zusätzliche Therapien, das entspricht nicht ganz seinem Bedürfnis nach Vielfalt. Die Homöopathie nach Köbern, bei der bestimmte Linien und Zeichen auf der Haut aufgetragen werden, also eine Methode, die einen extrem ungewöhnlichen Ansatz hat, entspricht ihm mehr. Auch die anthroposophische Homöopathie, die nicht mit ganz so strengen Auflagen einhergeht, interessiert Wassermann-Geborene. Prozessorientierte Homöopathie ebenfalls, weil sie einen dynamischen Verlauf aufgreift und dem psychologischen Verständnis und Interesse sehr entspricht. Das Unmögliche gedanklich zuzulassen, das ist Wassermann. Deswegen sind auch schamanische Arbeit, Geistheilung, Pranaarbeit, Chakren- und Energiearbeit etwas sehr Vertrautes. Letzteres ist ohnehin eine Wassermann-Disziplin. Aber auch jede andere Schwingungstherapie, wie z.b. die Bioresonanztherapie, ist ganz besonders auf das Energiefeld des Wassermanns zugeschnitten. Eine auffällige Affinität besteht zu Lateinamerika, den Mayas, Inkas und Azteken sowie der Heilkunde der Anden. Die Arbeit der Seelenrückholung nach Schock und Traumata, die schamanische Arbeit mit den verschiedenen Seelenkammern, der Wunde, der Seelenverträge, der Gnade und der Schätze, ist Arbeit nach seinem Verständnis. All diese Bereiche und Ebenen zur Heilung betritt der Wassermann gerne.

Wassermann – anatomische Entsprechung der Tierkreisgrade

Einteilung nach Ebertin	
1°	rechter Schienbeinnerv (Fettsucht)
2°	linker Schienbeinnerv
3°	rechtes Wadenbein
4°	linkes Wadenbein
5°	rechter Wadenbeinnerv
6°	linker Wadenbeinnerv (Gesichtssinn)
7°	rechte Unterschenkelvene
8°	linke Unterschenkelvene

Einteilung nach Ebertin	
9°	rechte Unterschenkelhaut (Alkoholismus)
10°	linke Unterschenkelhaut
11°	rechtes Kreuzband
12°	linkes Kreuzband
13°	rechte Unterschenkelarterie (rheumatisches Fieber)
14°	linke Unterschenkelarterie
15°	rechte Lymphgefäße
16°	linke Lymphgefäße
17°	Nervensystem des Rückenmarks
18°	Nervensystem des Rückenmarks
19°	Nervensystem des Rückenmarks (Rückgrat)
20°	Nervensystem des Rückenmarks
21°	Nervensystem des Rückenmarks
22°	rechter Wadenbeinmuskel (Blinddarm)
23°	linker Wadenbeinmuskel (Rheumatismus)
24°	rechter Schienbeinmuskel
25°	linker Schienbeinmuskel (Abszesse)
26°	rechtes Wadenbein (Neurasthenie)
27°	linkes Wadenbein (Kropf)
28°	rechtes Schienbein
29°	linkes Schienbein (Neuritis)
30°	Verbindungen

Einteilung nach Wemyss		
Löwe/Wassermann		
Grad	anatomische Entsprechung	pathologische Entsprechung
0°	oberer Lendenbereich	

Einteilung nach Wemyss		
1°	oberer Lendenbereich	
2°	oberer Lendenbereich	
3°	oberer Lendenbereich	Gallenleiden
4°	Geruchssinn	
5°	Geruchssinn	
6°	Geruchssinn	
7°	Nieren	Ödeme
8°	Haut	Ekzeme
9°	Haut	
10°	Haut	
11°	Haut	
12°	Haut	
13°	Haut	
14°	Haut	Abszesse
15°	Haut	
16°	Haut	
17°	Haut	Blinddarmentzündung, Asthma
18°	Haut	
19°	Haut	Blasenkrankheiten
20°	Haut	Durchfall
21°	Haut	Schlaganfall, Tuberkulose
22°	Blase	
23°	Blase	
24°	Blase	
25°	Blase	Verbrennungen, Entzündungen
26°	Blase	Fettleibigkeit, Karbunkel

Einteilung nach Wemyss		
27°	Blase	Vergiftungen, auch durch Lebensmittel
28°	Blase	Alkoholismus
29°	Blase	
30°	unterer Lendenbereich	

Empfindlichkeiten und Allergiebereitschaft

1° – 3° Wassermann
Wanderer zwischen zwei Welten, hellsichtig, große heilende Kraft, aber auch starke Reaktion auf Außenreize, Elektrosmog, Raumgifte, Wasseradern, geopathische Störfelder. Unverträglichkeit von Konservierungsmitteln, Pestiziden, Farbstoffen in der Nahrung.

1° – 7° Wassermann
Weizenunverträglichkeit, mit Konjunktion Jupiter eventuell multiple Körnerunverträglichkeit. Mit Neptun eventuell Zöliakie, einheimische Sprue, verschleierte Glutenunverträglichkeit. Hauterscheinungen, Diarrhöen.

5° – 7° Wassermann
Weizenunverträglichkeit mit begleitender Monilia albicans.

8° – 10° Wassermann
Herzbelastung, Angina pectoris, angeborene Klappendefekte.

13° – 15° Wassermann
Herzrhythmusstörungen, Stenocardie, Gefäßbelastung. Achtung: bei pathologischem Ehrgeiz und überschießender Arbeitswut Gefahr der Gefäßruptur.

15° – 17° Wassermann
Darmerkrankungen, chronisch, durch maskierte Nahrungsmittelunverträglichkeiten und oft selbstinszenierten Stress im Beruf. In zweiter Lebenshälfte gehäuft Colon-Operationen.

20° – 22° Wassermann
Anlage zur Herz-Dilatation und Herz-Insuffizienz.

27° – 29° Wassermann
Schilddrüsendysregulation, Depressionen. Morgendliche Anlaufschwierigkeit bei gleichzeitiger hoher innerer Spannung, Schlafstörungen.

Ernährung

Ernährung ist ein nicht ganz so faszinierendes, aber notwendiges Thema, bei seinen vielfältigen Empfindlichkeiten. Wassermann-Menschen lieben die Geschmacksrichtung süß-sauer und sowohl die asiatische wie auch italienische Küche.

Dem Wassermann entspricht astrologisch:

Fleisch:	Hase, Reh, Lamm, Fasan, Känguru, Hirsch, Pute, Huhn, Perlhuhn, Wachtel.
Fisch:	Meerestiere werden oft geliebt, teilweise aber auch nicht vertragen. Das muss getestet werden. Sonst: alles was mundet, außer Austern und Aal.
Gemüse:	Kohlrabi, Radieschen, Frühlingszwiebeln, Mungobohnen, Bataten, Brokkoli, Tomaten, Chicorée, Algen.
Salat:	Feldsalat, Blattsalat, zarte Sorten.
Obst:	Ananas, Melone, Feigen, Datteln, Brombeeren, Himbeeren, Preiselbeeren, Holunderbeeren, Quitten.
Getreide:	Hafer, Dinkel, Hirse, Mais, Reis, Sprossen.
Gewürze:	Cumin, Dill, Ingwer, Kardamom, Koriander, Lorbeer, Majoran, Muskat, Kreuzkümmel, all das wirkt harmonisierend und sanft stimulierend auf die Verdauungsorgane.

Hilfreiche Elemente auf dem Weg zum Wohlbefinden

Homöopathie

Sepia (der Tintenfisch)
ist hauptsächlich ein Frauenmittel, wenn jedoch Symptome und Konstitution stimmen, ist es auch eine Arznei für das männliche Geschlecht. Sepia ist unabhängig, frei, ehrgeizig, perfektionistisch und eigenwillig. Sepia-Personen sind nicht schmusig und handzahm. Trost verschlechtert, und Nähe wird oft schlecht vertragen. Distanz und Nähe, diese Bedürfnisse auszubalancieren, ist oft ein Elementarthema. Sepia will weder unbedingt gefallen noch braucht die Sepia-Person Zuspruch und Beifall. Authentisch sein, die rebellischen Anteile leben, das sind Grundansprüche; eine gewisse Unangepasstheit wird manchmal förmlich demonstriert. Tanz bessert alle Beschwerden, ebenso die Stimmung; das ist ganz und gar Wassermann. Leitsymptome: morgens hektisch, abends elektrisch! Sepia kann unbeherrscht und ärgerlich reagieren, aus der Haut fahren; diesen Groll aber bekommen immer die Lieben und Liebsten ab, nie Menschen, die eigentlich gleichgültig lassen. Launen wechseln, Depressionen sind möglich. Wie sich der Tintenfisch in einer dunklen Wolke verhüllt, so umgibt sich auch Sepia hin und wieder mit einer düsteren Stimmungswolke. Körperlich sind Kreislauflabilität, plötzliche Erschöpfung, Venenstauung und jede Art von Stase im Sepiabild enthalten. Der Schlaf ist unruhig. Verschlechterung: 4 Uhr oder 16 Uhr. Heftige Migräneanfälle häufig.

Kalium sulfuricum
Sensibel und reizbar zugleich ist ein Schlüsselsymptom und Wassermann-Temperament. Weitere Entsprechungen: Schmerz in Nacken, Rücken und Gliedern, wechselnde Beschwerden. Hauterscheinungen mit Schuppenbildung, rheumatische Kopfschmerzen. Blasenentzündung, Migräne mit Gesichtsschmerzen. Schlaflos, Gefühl, wie von schwerer Last im Magen. Verlangen nach Süßigkeiten.

Neon
Leitsymptome: reserviert, aber sonst nett, wirkt sehr intellektuell. Kontaktmangel. Gelenkschmerzen (Ischias), schleifende Schmerzen. Verschlimmerung durch Radio- und Fernsehlärm. Abneigung gegen fettes Fleisch, Essensgerüche.

Lac felinum (Katzenmilch)
Starkes Unabhängigkeitsbedürfnis mit gewisser Wildheit und gleichzeitigem Anspruch nach Versorgung. Kann wütend werden, fühlt sich schnell ausgenutzt, faucht!

Lilium tigrinum (Tigerlilie)
Der Einfluss dieses Mittels bezieht sich insbesondere auf die Beckenorgane, die speziell bei Wassermann-Frauen eine Empfindlichkeit aufweisen können. Erkrankungen im Bereich Uterus und Ovarien mit dem Gefühl des Herabhängens. Abdomen wund und aufgetrieben, Druck nach unten, Stuhl frühmorgens, treibt aus dem Bett oder verstopft. Herz wie in einem Schraubstock. Gemüt: Furcht um das Seelenheil. Tiefe geistige Niedergeschlagenheit.

Vipera berus
Ein sehr gutes Venenmittel mit dem Leitsymptom: Vollheitsgefühl in den Venen. Besserung durch Hochlegen der Beine.

Zincum phosphoricum
Zincum phosphoricum ist das Mittel bei Zittern, Krampfneigung, Unruhe, Spasmen, bei Niedergeschlagenheit und nervlicher Erschöpfung.

Tabacum
Tabacum ist eine Arznei, die insbesondere bei zerebralen Reizzuständen und den entsprechenden Folgen eingesetzt wird. Leitsymptome: Schwindel mit extremer Blässe bis zur Ohnmacht. Schlechter bei Öffnen der Augen. Migräne beginnt morgens, unerträglich mittags, mit Übelkeit, Erbrechen, schlechter durch Licht, hält zwei Tage an.

Phytotherapie

Arnikagel, Rosskastanien- oder Ringelblumensalbe
diese äußerlich angewandten Arzneizubereitungen wirken lindernd bei Venenbeschwerden.

Beinwell
Die Pflanze kann – innerlich oder äußerlich – angewendet werden und ist hilfreich bei Schwellungen, Hitze und Vollheitsgefühl sowie bei Schmerzen und Gelenkverletzungen. Sie wird bei Frakturen eingesetzt, meist in einer D6-Potenz, homöopathisch.

Passionsblume
wirkt sowohl entspannend als auch stimmungsaufhellend. Fördert einen erholsamen Schlaf.

Augentrost
bei Bindehautentzündungen, zu denen Wassermann-Menschen bei Allergien stark neigen. Äußerlich als Kompresse, innerlich als Tee oder Tropfen anzuwenden.

Waldehrenpreis
ein Tee, der sowohl den Stoffwechsel als auch die Entschlackung – auch über die Haut – anregt.

Echte Schlüsselblume
ein idealer Tee bei Schlafstörungen und nervösen Kopfschmerzen.

Schlehdorn
ein Tee, der wohltuend und regulierend auf Darm, Niere und Blase wirkt.

Schüßler-Salze

Kalium phosphoricum
bei Erschöpfungszuständen. Das klassische Nervensalz, das wieder in die eigene Mitte bringt.

Magnesium phosphoricum
bei Spasmen, Koliken, Verspannung, Verkrampfung, Neuralgien. Auch bei Wadenkrämpfen.

Kalium bromatum
bei Erschöpfung und psychischer Erregung.

Lithium chloratum
bei Niedergeschlagenheit und der Tendenz, eher schwarz zu sehen.

Bach-Blüten

Impatiens
schenkt Gelassenheit und die Fähigkeit, Prozesse auch mal abwarten zu können.

Scleranthus
wenn Wassermann-Menschen wieder einmal von einem Punkt zum anderen springen und die Gedankensprünge allzu genial und für andere schwer nachvollziehbar ausfallen.

Water Violet
bei zu ausgeprägter Distanziertheit. Wenn das Gefühl, nicht dazuzugehören, Beziehungen belastet.

Vervain
wenn das Sendungsbewusstsein zu sehr abheben lässt und das Gefühl für die Verhältnismäßigkeit verloren geht.

Holly
öffnet das Herz und hilft, Nähe zuzulassen.

Australische Busch-Essenzen

Jacaranda
die Essenz, die wohltuend animiert, Begonnenes zu Ende zu bringen, am Ball zu bleiben.

Tall Yellow Pop
wenn sich der Wassermann mal wieder entfremdet oder isoliert fühlt und doch nach Verbundenheit sehnt.

Sunshine Wattle
schenkt wunderbaren Optimismus und dauerhafte Power.

Gymea Lily
bei zu ausufernder Eigenwilligkeit, wenn die Rebellion anfängt, autoaggressive Züge zu entwickeln.

Green Essenz
lindert Hautirritationen, die Reinigungsblüte, auch im Seelischen.

Heilen mit Farben – auch in der Nahrung – und Edelsteinen

Türkis ist die Farbe des Wassermanns, auch metallische Türkistöne oder Eisblaugrau.

Nahrung der Farbgruppe Türkis regt die Thymusdrüse an und stimuliert dadurch das Immunsystem. Essen Sie viel Brokkoli, Salatgurken, Guaven, Rhabarber, Kerbel, Estragon, Kresse und Borretsch.

Aufhellend wirkt orange, allerdings kann dies speziell abends auch Unruhe produzieren.

Der Edelstein ist der Türkis, der wahrhaft ein großer Heilstein ist. Das wussten schon die Ägypter zur Zeit der Pharaonen und die Schamanen Amerikas. Wohltuend wirkt der Türkis auf das Immunsystem, und er schützt das Herz und fördert die Heilkraft.

Psychotherapie, Körperarbeit, Meditation

Alpha-Joggen ist eine dynamische Meditation, bei der die Gehirnwellen auf Alpha umgepolt werden und tiefe Entspannung entsteht.

Chinesische Physiotherapie, die mit den Elementen von Karate und chinesischen Heilkräutern arbeitet.

Indische Medizin als Synthese von Kräuterheilkunde, Akupunktur, Massagen und der Ernährung nach den fünf Elementen.

Aromatherapie aus der Persischen und Indischen Volksmedizin. Die Philosophie: Ätherische Essenzen und Öle wirken heilend, beruhigend und entspannend.

Lymphdrainage, speziell um die Beine, die Venen zu entstauen.

Heilgymnastik, auch als Physiotherapie im Thermalwasser möglich.

Koan: eine Arbeit, die aus dem Zen-Buddhistischen Religionssystem kommt. Ein Koan ist eine paradoxe Aussage, regt den Geist an, ist aber über das Denken nicht zu verstehen.

Chassidische Gedanken, Lehren und Tänze: Dieses philosophische und psychologische Modell stammt aus der jüdischen Kultur und vermittelt Heilimpulse spiritueller Art.

Trampolin-Springen: Keine andere Bewegungsart spricht die Muskulatur stärker an und entspannt so wunderbar.

Astropsychotherapie: ist eine psychologisch aufdeckende Arbeit, die nicht wertend ausfällt, da hier Betrachtungen von einer Metaebene aus stattfindet. Ein Wassermann ist für dieses Denken sehr offen.

Schamanische Arbeit: Speziell die Lehren und Methoden, die aus Peru, dem Inkareich sowie aus der brasilianischen Kultur stammen.

Aura-Soma: Eine Therapie, die Balance aufbaut. Die Elixiere sind eine Kombination aus Farben, kosmischen Schwingungen und Edelsteinessenzen.

Fische

20. Februar – 20. März

Das Tierkreiszeichen Fische ist das zwölfte und letzte Zeichen im Tierkreis. Der Kreis schließt sich und beginnt von vorne. So sind Fische auch Alpha und Omega. Sie sind das sensitive und mediale Zeichen, denn Fische sind nicht mehr mit allen Sinnen und Wesensanteilen im Irdischen verankert. Fische sind hochspirituell, nicht so sehr Weltbürger, vielmehr Reisende, eigentlich mehr im Kosmos beheimatete Seelen. Ihre Visionen vom All-eins-Sein, von der All-Verbundenheit und All-Liebe sind Vorzug und Crux zugleich. Mitfühlend oder besser einfühlend, denn Fische schlüpfen förmlich in die Haut, in die Mokassins des anderen. Um hautnah ihre Befindlichkeit zu spüren, übernehmen sie das Leid anderer und leiden an den Unebenheiten dieser Welt. Seelenschwingungen anderer fangen sie hellsichtig auf. Das prädestiniert zum Heiler, der mit der Transfiguration arbeitet. Erwartungen anderer aber können unbewusst übernommen werden. Fische haben keine Abgrenzung, und das kann die Abwehr und die Reaktionskraft des Organismus schwächen. Um in Harmonie mit sich selbst zu sein und zu bleiben, müssen Fische sowohl die spirituell-geistigen als auch die materiellen Aspekte dieses Lebens berücksichtigen und – wenn es gut geht – eine Synthese daraus erschaffen. Die Feinstofflichkeit der Fische macht sich nicht nur im Seelischen bemerkbar, auch auf der körperlichen Ebene sind Fische berührbarer, empfindsamer, mit den Reizen dieses Lebens, dieser Welt oft stark herausgefordert. Fische leiden an vielen Nahrungsmittelunverträglich-

keiten und Allergien, zeigen extreme Reaktionen auf Medikamente, Chemikalien, Luftverschmutzung und Feinstaub, z.B.
auf Elektrosmog und Lärmbelästigung jeder Art. Das oft tem-
poreiche und hektische Leben einer Großstadt wird von man-
chen Fischen nur dann vertragen, wenn sie etwas außerhalb der
Stadt im Grünen wohnen und einen geschützten Raum (im Äußeren und Inneren) besitzen, um zu entspannen. Viele Fische
meditieren regelmäßig, um genau diesen Schutzraum immer
wieder aufzusuchen. Oder sie fahren regelmäßig zum Retreat,
gehen den Jacobsweg oder zwischenzeitlich ins Kloster zum
Beten, Meditieren und Fasten. Trotz aller Empfindsamkeit sind
Fische extrem zäh und haben, entgegen landläufiger Meinung,
eine enorme Regenerationskraft. Abends erschöpft bis zum An-
schlag ins Bett zu gehen, morgens wieder aufzustehen, als hät-
te inzwischen ein Kurzurlaub stattgefunden, das ist fische-ty-
pisch. Viele von den spirituellen Fischen arbeiten mit Heilungs-
gebeten, bitten den kosmischen Arzt über Nacht um Hilfe und
Unterstützung oder legen Edelsteine unter das Bett, um ihre
Lebenskraft wieder aufzufrischen. Auch in Trance zu gehen, um
neue Vitalität zu tanken, gelingt Fischen oft spielend. Selbst in
einer vollen U-Bahn können Fische völlig in ihre innere Welt
abtauchen und sich energetisch neu laden. Zwar gibt es auch
die etwas dichter stofflichen Fische, die sehr viel mehr im Hier
und Jetzt verankert sind. Aber auch sie haben diese feinstoffliche Seite. Und es ist wichtig, diese zu beachten und dafür zu
sorgen, dass Neptun – der Herrscher – zu seinem Recht kommt.
Und das möglichst nicht im Sinne von Illusion, Rausch, Sucht,
Weltflucht oder über überhöhten Fernsehkonsum und Abtauchen in Parallelwelten mit Realitätsverlust, sondern über das
Sich-Anschließen an das kosmische, das universale Bewusstsein. Phasen des Rückzugs sind nötig, um die inneren Gefühls-
turbulenzen und die vielen Informationen, die auf Fische ein-
strömen, wieder zur Ruhe zu bringen. Gut ist es, diese Muße-
zeiten von selbst in den Alltag zu integrieren, denn sonst können eine Erkrankung oder ein äußeres Geschehen dazu zwin-

gen, sich diese Auszeit einzuräumen. Fische können sehr erfolgreich auf dieser Weltbühne agieren, Voraussetzung ist, dass sie ihrer Berufung und Bestimmung folgen. Sie können nicht gegen die Absichten ihrer Seele leben oder handeln, das macht tatsächlich krank, seelisch, körperlich und geistig. Wobei die Ganzheitsmedizin ohnehin nicht zwischen diesen Bereichen unterscheidet.

Zum Fische-Zeichen gehört das Christentum. Der Aufforderung, die zweite Wange hinzuhalten, die im Christentum vertreten wird, kommen Fische oft übertrieben nach. Auch mit der Tendenz, in eine Opferhaltung hineinzugehen, die mit echtem Helfen und Dienen, was Fische tatsächlich als Aufgabe mitbringen, nicht mehr viel zu tun hat. In der Psychologie gibt es den Begriff der bösen Demut. Die Dominanz der Gutmenschen, die opferbereit, sich immer zurücknehmend – scheinbar – ganz viel Macht haben, weil sich kein Mensch diesen guten Seelen widersetzen kann. Aus übertriebenem, permanentem Verzicht kann auch schnell Aggression werden. Rudhyar, der große Astrologe, hat als Schatten der Fische die Grausamkeit benannt. Das schien mir erst überzeichnet. Aber wir erleben ja immer wieder, dass überforderte, ausgebrannte Helfer (in Altenheimen, in Krankenhäusern) tatsächlich zu den sogenannten «Todesengeln» werden, die das Leid nicht mehr ertragen und dann Herr(-in) über Leben und Tod spielen, mit einer wahrhaft unvorstellbaren Kälte und Grausamkeit. Das sind natürlich Auswüchse! Aber es ist nicht gut, nicht gesund, den anderen Aspekt des Christentums, die Selbstliebe, zu vernachlässigen. Denn es heißt: Liebe Deinen Nächsten wie Dich selbst!

Astromedizinische Gesichtspunkte

Astromedizinisch gehören zum Tierkreiszeichen Fische die Füße. Das mag bei einem so hochspirituellen Zeichen verwundern. Betrachtet man allerdings das Symbol des Tierkreiszeichens, dann wird diese Zuordnung verständlicher: Zwei Fische sind an den Füßen zusammengebunden und schwimmen in entgegengesetzte Richtungen (Andromeda und Pegasus). Die Füße sind hier bildlich der Punkt der Fesselung, des Gehaltenwerdens und wohl deswegen auch der gesundheitliche Angriffspunkt. Füße sind etwas Elementares, sie erden und tragen uns, sie sind die Basis dieses Erdenlaufes. Sie sind die Verbindung zur materiellen Welt, die das Monetäre beinhaltet. Fische brauchen diese bewusste Erdung, die Rückkoppelung an das Stoffliche, gerade weil sie sich nicht immer so bewusst und nachhaltig inkarniert haben. Diese Ambivalenz rührt von einer vagen Sehnsucht und Erinnerung her an eine Welt, die Liebe, Harmonie, Frieden, das Fehlen allen Unrechts und aller Schmerzen darstellt. Diese Erinnerung an frühere Daseinsformen ist bei Fischen oft diffus vorhanden. Meiner Erfahrung nach gibt es Neugeborene, manchmal auch schon etwas ältere Kinder, bei denen die bewusste Entscheidung, hier zu sein, sich zu inkarnieren, erst noch getroffen werden muss. Das homöopathische Mittel China hilft übrigens dabei, diesen Entschluss zu bekräftigen. So rate ich meinen Fische-Patienten oder denen, die einen dominanten Neptun haben, in Krankheitsphasen mit der Seele zu verhandeln. Zu ergründen, welche Absichten die Seele hegt und sie zum Bleiben zu bewegen. Diese Seelenarbeit stellt bei schwerem Krankheitsgeschehen eine tiefe Heilkraft dar. Bezogen wiederum auf das Christentum haben die Füße noch eine besondere Bedeutung: Am Gründonnerstag wiederholt der Papst das Ritual der Fußwaschung bei zwölf Kardinälen, das Jesus am Abend vor seiner Kreuzigung nach dem Abendmahl bei seinen Jüngern – als Akt der Demut und Liebe – vornahm. Dieses Ritual beinhaltet auch Unterwerfung und die Bitte um Vergebung aller unbewusst zugefügten Kränkungen. So laufen auch sämtliche Nervenenden an den Fußsohlen zusammen. Alte Kulturen, speziell in Mittel- und Lateinamerika, haben oft bei der Heilung vornehmlich hier, an den Fußsohlen, angesetzt, wohl wissend, dass Stimulierung und Harmonisierung dieser Nervenpunkte alle Organfelder erreicht. Die Fußreflexzonenmassage geht ebenfalls von diesem Modell aus. Das Lymphsystem sowie die Nebennierenrinde gehören ebenso zu den Fischen. Besonders wird jedoch der Dickdarm, der mit Entlastung und Loslassen zu tun hat, zu Fische gezählt. Wer zu viel gibt, kann reflektorisch Obstipation oder im Extremfall einen paralytischen Ileus oder Subileus aufbauen. Ganz real erlebe ich in meiner Praxis immer wieder, wie häufig Fische an Darmleiden erkranken. Das rührt auch daher, dass viele Nahrungsmittelunverträglichkeiten zum feinstofflichen Fische-Zeichen dazugehören, vor allem solche, die vornehmlich die Darmschleimhaut angreifen und massive Entzündungen hervorrufen können. Da die fehlende Abgrenzung ein Urtrauma der Fische ist, ist analog dazu das Abgrenzungsorgan Haut empfindlich. Auch das Ohr, insbesondere das Innenohr, das den Gleichgewichtssinn steuert, ist dem Fische-Zeichen zugeordnet. Mit Lage- und Drehschwindel, aber auch Morbus Menière, einer Erkrankung des Innenohres, die mit heftigem Drehschwindel, Übelkeit, bis zum völligen Orientierungsverlust, auch Tinnitus, einhergeht. All das sind häufige Fische-Erkrankungen. Die Sensibilität und Sensitivität der Fische macht anfällig für Infekte, Keime sowie für Übertragungen von Krankheiten. Auch auf Toxine (Gifte) reagieren Fische sensibler als andere Menschen. Wobei die sogenannten Genussmittel (Alkohol, Kaffee, Tee, Süßigkeiten) ab einer bestimmten Dosierung auch als Noxen zu bezeichnen sind. Fische vertragen keinen Alkohol! Oder nur in sehr behutsamen Dosen. Auch Medikamente, selbst homöopathische Arzneien rufen starke Reaktionen hervor, bei Hochpotenzen ist Vorsicht geboten! Elektrosmog, Wohngifte, Farben, auch Lebensmittelfarben, Konservierungsmittel und Chemikalien sind oft toxisch. Fische gehören ebenfalls zu den schlechten Ausscheidern, d.h. sie speichern Belastungen und Intoxikationen oft unverhältnismäßig lange. Das Immunsystem der Fische, welches der Abwehr entspricht, der Abgrenzung und Selbstbehauptung, ist analog zum Fische-Temperament nicht sehr kämpferisch ausgebildet. Zudem schwächen und irritieren

Allergien die Abwehr. Depressionen und Ängste kommen bei Fische, einem so fantasiebegabten Zeichen, natürlich auch vor. Irgendjemand hat einmal den Ausspruch geprägt: Nur wer keine Fantasie hat, kennt keine Ängste. Im Umkehrschluss heißt das, viel Fantasie verbirgt viel Raum für Vorstellung und Angst. Allerdings sind sowohl Depressionen als auch Ängste speziell bei Fischen oft Ausdruck einer spirituellen Wachstumskrise. Phänomene wahrzunehmen, die andere nicht sehen oder ihnen gar unheimlich sind und deswegen als Abwehrreaktion verlacht werden, kann verunsichern und die Sorge auslösen, nicht mehr «normal» zu sein. Auffälligerweise gibt es eine Fülle an homöopathischen Mitteln, gerade auch medialer Arzneien, die das Leitsymptom haben: Angst, den Verstand zu verlieren. Wenn Fische erst einmal denken, nicht mehr richtig zu funktionieren, von ihren Verstandeskräften im Stich gelassen zu sein, dann sehen sie auch überall Bestätigungen für diese Befürchtungen.

Fische haben ein besonderes Karma und tragen oft sehr bewusst eine karmische Schuld ab. Zum Fische-Zeichen gehört der Begriff und Weg des Bhakti-Yoga. Das ist der Yoga-Weg der absoluten Hingabe an den göttlichen Willen, der Pfad des bewussten Annehmens von Aufgaben, Herausforderungen und Schmerzen. Ohne jede Frage neigen Fische auch zu Erkrankungen, die einhergehen mit unbegrenztem Wachstum. Krebs, Karzinome aller Art und Genese kommen bei allen Tierkreiszeichen vor. Ich habe es allerdings schon öfter erlebt, dass Fische, die nie für sich sorgen oder nie Nein sagen konnten, im Falle einer Krebserkrankung, die ja eine behandelbare Krankheit und kein Todesurteil ist, plötzlich für sich eintreten konnten. Krankheit ist auch gestaltende Kraft.

Irisdiagnostisch zeigen sich bei Fischen: das feine Irisstroma, die neurogene Iris, der Sensitivitätsring, der Neurasthenikerring als Ausdruck eines sensiblen Nervensystems und großer Empfindlichkeit. Die Neurolappen sind ein Hinweis darauf, dass Krankheiten psychologisch überlagert sind. Die Maßliebchen-

iris bei Bindegewebsschwäche. Allergieflocken, Dickdarmver-
schmierungen, auch Pigmente als Hinweis auf Schleimhautveränderungen. Auszackungen bei Divertikeln mit Hellungen bei
akuter Divertikulitis. Entzündungszeichen und Hellungen sind
bei akut entzündlichen Prozessen in allen Organsektoren ein
Alarmzeichen. Fische haben oft grüne Augen, die sogenannte
dyskratische, die Mischiris, die sowohl die Schwäche des blau-
en als auch des braunen Auges aufweist. Dyskratisch entspricht
auch einer Dyskrasie, d.h. einer fehlerhaften Säftemischung.
Hier muss ausgeleitet und entgiftet werden. Die abgeflachte
oder Teller-Iris, die häufig für Abwehrschwäche steht. Der Ring
der Bestimmung, der sich oft als blauer oder dunkler Kranz um
die Iris legt. Große Aufmerksamkeit sollte eine entformte Pupille wecken. Pupillen, die oval statt rund und nach oben ausgerichtet sind, zeigen, dass hier der Wille zum Inkarnieren bekräf-
tigt werden sollte.

Wie verhält sich der Fisch nun im Krankheitsfall? Ganz sicher
ist er nicht der Hypochonder, als der er immer hingestellt wird.
Natürlich kann bei so viel Sensibilität das eine oder andere
Symptom früher wahrgenommen werden. Gerade das aber
bringt diese Menschen oft dazu, mit unglaublicher Härte mit
sich umzugehen und sich zu suggerieren, dass schon alles nicht
so schlimm sein wird. Die Angst, als Hypochonder abgestempelt zu werden, lässt Krankheitssymptome ignorieren. Ist aber
tatsächlich der Fall einer wirklichen Krankheit eingetreten, sind
Fische aufmerksame und kooperative Patienten. Sie gehen mit,
entwickeln Eigeninitiative, sind für alle Therapieformen offen
und reagieren positiv auf Zuspruch. Aber: Voraussetzung ist,
dass die Vertrauensbasis zum Therapeuten vorhanden ist. Je-
manden zu wählen, der rational als tüchtig empfunden, emotional aber das Herz nicht berührt oder eher Unbehagen auslöst,
das geht bei Fischen nicht. Ein bisschen Sympathie darf dabei
sein, und auch der Glaube, dass dieser Therapeut helfen kann,
muss unbedingt vorhanden sein.

Fische – anatomische Entsprechung der Tierkreisgrade

Einteilung nach Ebertin	
1°	rechtes Fersenbein
2°	linkes Fersenbein
3°	rechte Fußnerven (Blinddarm)
4°	linke Fußnerven (Asthma)
5°	rechtes Würfelbein
6°	linkes Würfelbein
7°	rechtes Sprungbein
8°	linkes Sprungbein
9°	rechter Mittelfußknochen (rheumatisches Fieber)
10°	linker Mittelfußknochen (typhöses Fieber)
11°	Lymphgefäße
12°	rechte Fußarterie
13°	linke Fußarterie
14°	rechte Hautvenen
15°	linke Hautvenen
16°	rechtes Kreuzband
17°	linkes Kreuzband
18°	rechter Zehenstrecker
19°	linker Zehenstrecker
20°	rechter Wadenbeinmuskel
21°	linker Wadenbeinmuskel (typhöses Fieber)
22°	rechte Achillesferse (Wahnsinn, Blinddarmentzündung)
23°	linke Achillesferse (Rückgrat)
24°	rechtes Kapselgelenk

Einteilung nach Ebertin	
25°	linkes Kapselgelenk (Krebs, Gicht)
26°	untere Fußnerven
27°	rechte Fußendglieder
28°	linke Fußendglieder
29°	rechte Fußnägel
30°	linke Fußnägel

Einteilung nach Wemyss		
Jungfrau/Fische		
Grad	anatomische Entsprechung	pathologische Entsprechung
0°	Zwölffingerdarm	
1°	Zwölffingerdarm	
2°	Zwölffingerdarm	Selbstmord
3°	Zwölffingerdarm	
4°	Zwölffingerdarm	Schnittverletzungen
5°	Zwölffingerdarm	
6°	Zwölffingerdarm	
7°	Zwölffingerdarm	
8°	Zwölffingerdarm	Ruhr
9°	Zwölffingerdarm	Ruhr
10°	Zwölffingerdarm	Ruhr
11°	Zwölffingerdarm	
12°	Zwölffingerdarm	
13°	Zwölffingerdarm	Alkoholismus
14°	Zwölffingerdarm	
15°	Zwölffingerdarm	

Einteilung nach Wemyss		
16°	Zwölffingerdarm	
17°	Zwölffingerdarm	
18°	Zwölffingerdarm	
19°	Zwölffingerdarm	Verstopfung
20°	Zwölffingerdarm	Durchfall
21°	Zwölffingerdarm	
22°	Blinddarm	Blinddarmentzündung
23°	Blinddarm	Blinddarmentzündung
24°	Blinddarm	
25°	Blinddarm	
26°	Blinddarm	
27°	Blinddarm	
28°	Blinddarm	
29°	Blinddarm	
30°	Blinddarm	

Empfindlichkeiten und Allergiebereitschaft

1° – 4° Fische
Unverträglichkeit von Coffein, Teein, Fettintoleranz! Röststoffe und geräucherte Nahrung werden nicht vertragen. Leberempfindlichkeit, frühe Gallensteinbildung.

4° – 6° Fische
Starke Reaktion auf Arzneien, Medikamente, Konservierungsstoffe.

6° – 8° Fische
Schilddrüsen- und Hormondysregulation, Depressionsneigung.

8° – 10° Fische

Schlafstörungen, Kaffee oder Tee nur bis 15 Uhr trinken, sonst schlaflos! Symptome in Magen und Darm (Übersäuerung, Flatulenz) und nach Genuss von Süßem.

14° – 18° und 20° – 25° Fische

Nahrungsmittelunverträglichkeiten: Kuhmilcheiweiß, Weizen, weißer Zucker, Knoblauch, Bärlauch, Schweinefleisch, Zitrusfrüchte, Pfeffer, Pfefferminze. Oft auch Wein, Zwiebelgemüse, scharfe Gewürze, Glutamat, Konservierungsstoffe.

26° – 27° Fische

Überreaktion auf Wohngifte, Elektrosmog, Chemikalien, multiple Nahrungsmittelunverträglichkeiten und Reaktionen auf Zusatzstoffe wie Farben und Konservierungsmittel in Nahrung.

Ernährung

Eine Ernährungsumstellung ist bei Fischen fast immer nötig, nicht aber sehr willkommen. Süßigkeiten sind oft das liebe Laster und können nur schwer aufgegeben werden. Fische lieben meist unregelmäßige Mahlzeiten, und je nach Stimmung ist der Appetit größer oder fehlt. Lust- und Frustesser, hier sind sie auch zu finden. Schwere Mahlzeiten, fettes Essen und Fleisch sind Fischen meist zuwider. Auffällig ist, dass Fische oft schon in der Kindheit einen Widerwillen gegen Fleisch hatten, auch aus Mitleid mit den Tieren. Fische sind häufig Vegetarier, aus genau diesem Mitgefühl mit den Tieren, die sie meist als hoch entwickelte Seelen empfinden, was sie ja auch sind. Nur essen, was keine Seele hat, das ist oft das Motto der Fische.

Den Fischen entspricht astrologisch:

Fisch: Leichte, magere Sorten, möglichst grätenarm. Gern Seeteufel, Schalentiere, Jakobsmuscheln. Keine

Austern (das wird als kannibalisch empfunden, denn Austern werden ja lebend verzehrt).

Gemüse: Ein Favorit der Fische! Gut vertragen wird: Chinakohl, Fenchel, Kartoffeln, Pastinaken, Bataten, Spargel, Spinat, Aubergine, Zucchini, Pilze, Mangold. (Mais, Paprika, Hülsenfrüchte, blähende Sorten werden nicht vertragen).

Obst: Bananen, Birnen, Äpfel, Melonen, Aprikosen, Nektarinen.

Salate: Zarte Sorten, Tomaten, Gartengurke, Feldsalat, Blattsalat.

Hilfreiche Elemente auf dem Weg zum Wohlbefinden

Homöopathie

Homöopathische Mittel wirken bei Fischen extrem gut, aber mit heftigen Erstreaktionen ist leider auch immer zu rechnen. Tiefere C-Potenzen, LM oder Q-Schwingungen werden oft besser vom Organismus aufgenommen.

China

Dieses mediale Mittel ist bei medialen, sensitiven Personen die Arznei der Wahl. Leitsymptome: hochmedial mit vielen feinen Sensoren ausgestattet, starke Emotionalität, ästhetische Wahrnehmung, ausgeprägter Schönheitssinn, mitfühlend, einfühlend, sozial. Da Fische Wanderer zwischen der irdischen und der spirituellen Welt sind, entsprechen sie dem Chinabild, das in besonderer Weise äußerst spirituell, sensitiv und hellsichtig ist. Leicht zu verunsichern, schreckhaft, schlaflos und gereizt, das ist die andere Seite der Arznei. Körperliche Symptome: Flatulenz von Magen und Darm, Aufstoßen, Reizdarm. Kopfschmerzen, als wolle der Schädel bersten.

Cannabis indica

In Deutschland nicht erhältlich.

Cannabis sativa
Cannabis ist bekannt als Rauschmittel, in homöopathischer Verdünnung ist es das natürlich nicht. Der Geist dieses Mittels aber ist identisch: die Sehnsucht nach grenzüberschreitenden, bewusstseinserweiternden Zuständen und Erfahrungen. Cannabis ist ein hervorragendes Mittel bei diffusen Ängsten. Leitsymptome: Angst in der Dunkelheit, Angst, den Verstand zu verlieren, Hellsichtigkeit, alles erscheint unwirklich. Ohrgeräusche (hören von Glockenläuten). Schmerzen im Bauchraum.

Lobelia inflata
Leitsymptome: sensibel, matt, schwach, äußerste Empfindlichkeit, kann nicht die leiseste Berührung ertragen. Nach zu viel Rauschmittel und Alkohol, der hier schlecht vertragen wird, hilfreich. Gastrische Kopfschmerzen, Erbrechen. Empfindlich gegen Kaffee, Tee, Zigarettengenuss.

Pulsatilla
Diese bildschöne, zarte aber widerstandsfähige Blume ist für hochsensible und doch zähe Personen das Mittel der Wahl. Leitsymptome: weint leicht, ist aber schnell zu trösten. Symptome und Schmerzen springen von einem Ort zum anderen. Schleimhäute sensibel, auch das Ohr. Nahrungsmittelunverträglichkeiten, ekelt sich schnell, Widerwille gegen Fleisch. Schmerzen im Oberbauch, Flatulenz und Koliken. Tabakrauch ist unverträglich.

Lac caninum (Hundemilch)
Umherziehende Schmerzen, Symptome wechseln die Seite. Flauheit im Epigastrum, Schwächegefühl im Magen. Vergesslich, geistesabwesend, in höheren Regionen schwebend, deswegen beim Schreiben unkonzentriert, verdreht Buchstaben. Verschlechterung: bei Berührung, Lärm, Kälte und Wind; mal abends, mal morgens.

Lac delphinum (Delfinmilch)
Häufig Kinder von Alkoholikern und Drogenabhängigen. Fami-

liengeheimnisse, die zum Schweigen verpflichten. Körperliche Merkmale: Schmerz wechselt die Seite, Seitenstrangangina, chronische Katarrhe, Sinusiden, Beschwerden in Pubertät und Schwangerschaft. Beschwerden im Bauchraum; sensibel, hilfsbereit.

Mezereum
Der Seidelbast ist eine hervorragende Arznei bei Impfreaktionen (eine Fische-Auffälligkeit). Hautausschläge, die nach Impfungen auftreten. Jucken der Haut, schlimmer durch Wasser und Waschung. Stuhlverstopfung.

Phytotherapie

Kamille
Dieser schleimhautfreundliche Tee ist für Magen und Darm ein Labsal.

Basilikum
entbläht und stärkt die Verdauungsfunktion.

Wermuth
ein Bitterkraut für den empfindlichen Magen-Darm-Trakt.

Mistel
reguliert den Kreislauf, den Blutdruck.

Kurkuma
Nichts ist für den Darm heilsamer. Kurkuma entbläht und soll Darmkrebs entgegenwirken.

Gundelrebe
wirkt stoffwechselanregend, harntreibend und ausschwemmend.

Sauerklee
ist ein uraltes Blutreinigungsmittel.

Schüßler-Salze

Calcium sulfuratum
Das Aufbausalz bei Erschöpfung löst Blockaden aller Art.

Kalium-Aluminium sulfuricum
hervorragend bei Schwindel, Kopfschmerzen und Blähungen.

Magnesium phosphoricum
die heiße Sieben (bei Krämpfen, Blähungen, spastischer Obstipation und Tenesmen).

Silicea
stärkt das Bindegewebe und ist ein echtes Schönheitsmittel für Haare, Nägel und Zähne. Stärkt die Widerstandskraft.

Bach-Blüten

Aspen
hilfreich bei unerklärlichen, diffusen Ängsten und Befürchtungen.

Cerato
bei zu ausgeprägtem Mitgefühl; Beeinflussbarkeit, weil andere immer als besser oder klüger empfunden werden.

Larch
stärkt das Selbstwertgefühl.

Mimulus
wenn konkrete Ängste die Handlungsfähigkeit beeinträchtigen.

Red Chestnut
wenn die selbstlose Sorge um andere übertrieben und das «Selbst» vergessen wird.

Australische Busch-Essenzen

Fringed Violet
heilt Schäden in der Aura nach Traumata, Schock und Schreck, auch aus früheren Inkarnationen.

Dog Rose
hilfreich bei schüchternen Menschen, die sich einfach nicht genug zutrauen. Stärkt die Strahlkraft, reduziert Auftrittsängste.

Macrocarpa
angezeigt bei Abwehrschwäche, Erschöpfung und Rekonvaleszenz.

Waratah
in Phasen von Selbstzweifel, Hoffnungslosigkeit und Verzagtheit. Schenkt Zutrauen und Gottvertrauen.

Southern Cross
hilft gegen die Tendenz, in Opferrollen stecken zu bleiben, stärkt die persönliche Ausstrahlung und positive Lebenseinstellung.

Heilen mit Farben – auch in der Nahrung – und Edelsteinen

Die Farbe der Fische ist ein irisierendes zartes Pink. Kräftige Farben werden oft nicht toleriert, da die Farbschwingung zu stark ist und dann disharmonisch wirkt.

Violette Nahrungsmittel gleichen aus, harmonisieren und entkrampfen. Richtig positiv: Aubergine, Zucchini, Blaukraut, Brombeeren, Blaubeeren und Preiselbeeren. Letztere wirken auf die oft empfindliche Harnblase der Fische heilend und lindernd. Gelbe Nahrung ist ein echtes Antidepressivum. Gelbe Birnen, Bananen und Aprikosen hellen die Stimmung auf.

Der Edelstein der Fische ist der Amethyst. Er schenkt geistige

Klarheit, erdet und stärkt das Vertrauen in die göttliche Führung. Auch die grüne Jade wird den Fischen zugeordnet. Die Chinesen sehen in der grünen Jade das Sinnbild für die fünf Haupttugenden: Weisheit, Gerechtigkeit, Barmherzigkeit, Bescheidenheit und Mut. Im alten Ägypten wurde der Stein als Symbol der Liebe verehrt, und fische-archetypisch hilft er, Träume zu deuten.

Psychotherapie, Körperarbeit, Meditation

Zilgrei: ist nicht nur eine Entspannungstechnik, sondern korrigiert auch die Körperhaltung. Die Bauchatmung, die bei Fischen oft nicht gut funktioniert, wird stimuliert.

Thalasso: alles, was aus dem Meer kommt, heilt bei diesem Zeichen. Thalasso ist ein Jungbrunnen.

Fußreflexzonenmassage: wirkt sich über die Massage der Nervenknotenpunkte an den Fußsohlen auf die Organfelder aus. Vorsicht: Auch hier gibt es Erstreaktionen.

Psychosynthese: Diese psychologische Arbeit ermöglicht eine schöne Synthese aller Persönlichkeitsanteile.

Logotherapie: von Victor Frankl entwickelt. Hier geht es um die Sinnfrage, die Fische immer umtreibt. Das Ziel ist, sich verbunden zu fühlen mit einem spirituellen, sinnhaften Kosmos.

Jivamukti Yoga: Befreiung der Seele ist das Stichwort. Bei dieser Yogaarbeit ist der spirituelle Anteil besonders groß.

Kriya Yoga: Auch hier sind das spirituelle Wachstum und die Meditation das Zentrum der Yogaarbeit. Die Asanas sind nur ein Teil und das Vehikel, ein höheres Bewusstsein aufzubauen.

Danksagung

Dieses ganze Buch ist eine Danksagung, denn aus tiefem Dankbarkeitsgefühl heraus gebe ich etwas von dem zurück und weiter, was ich in diesem Leben lernen und erfahren durfte. Ich hatte den besonderen Vorzug, das Glück, immer im entscheidenden Moment die richtigen Lehrer und Menschen zu treffen, die mir genau die Botschaft und Hilfe gegeben haben, die ich mir ersehnt hatte. Und noch viel mehr darüber hinaus! Den Schlüssel zu meinem Unbewussten, dem inneren Schatz, verdanke ich Dr. Wolfgang Kleespies. Zu werden, was ich bin, dazu hat dieser wunderbare Jungianer enorm viel beigetragen. Karl-Friedrich Liebau, exzellenter Heilpraktiker, Therapeut und Verleger, hat meinen Weg als Heilpraktikerin entscheidend geprägt und mein Wissen enorm bereichert. Andreas Lebert, Chefredakteur und Buchautor, hat mich überhaupt erst zum Schreiben gebracht und vielfältig gefördert. Dank natürlich auch meinem Mann Dieter, der mich ermuntert, aufbaut, mir immer den Rücken freihält und mir Raum für jede gewünschte Aktivität lässt. Die besondere Erkenntnis, welch spirituelle, hoch entwickelte Seelen Tiere sind, verdanke ich meinen beiden Westhighland-White-Terriern: Don Camillo, der mich nun aus einer anderen Dimension begleitet, und Major Tom, der quirlig, witzig, zauberhaft, eine wahrer Schelm ist. Und mich ganz irdisch aufmuntert und in jeder Weise inspiriert. Besonderer Dank aber gebührt meinen Patienten und Klienten, deren Erfahrungen ich sammeln und teilen durfte.

Über die Autorin

R oswitha Broszath, geboren am 07.03.1945, um 05.20 Uhr, in Marburg/Lahn.

Sie ist Heilpraktikerin und Astrologin. Aus- und Weiterbildung in Psychodrama, Prozessorientierter Psychologie, Spiritueller Psychologie sowie Astrologie und schamanischer Arbeit. Seit 1982 arbeitet sie selbständig in eigener Praxis als Heilpraktikerin, heilkundliche Psychotherapeutin und Astrologin in Berlin. Schwerpunkte: Homöopathie, Psychologische Astrologie, aufdeckende und lösungsorientierte Beratung, Coaching, Irisdiagnose, Vegatest und Bioresonanztherapie. Sie schreibt regelmäßig Beiträge für große Publikumszeitschriften und veröffentlicht Beiträge in Hörfunk und Fernsehen. Autorin der Bücher Die Lebenskraft des Mondes (1994), Sonntagsmann sucht Montagsfrau (2001), Brigitte Astrologie (2007) und Heye Mondkalender (jährlich).

Anschrift der Autorin

Astrologisch-psychologische Naturheilpraxis Roswitha Broszath
Schillerstr. 11 A · 10625 Berlin-Charlottenburg
Tel. 030 – 261 55 95 · www.broszath.de

Standardwerke der Astrologie

BERND A. MERTZ

Astro-Medizin in psychosomatischer Sicht

Das Horoskop als Schlüssel zur Gesundheit
228 Seiten, Hardcover, zahlreiche Abb.
ISBN 3-89997-127-2

Dieses Buch vermittelt Ihnen die inneren
Zusammenhänge einer Krankheit, so dass
ein Betroffener besser mit ihr umgehen
kann. Die Verbindung von Astrologie und Medizin hat eine lange
Tradition. Der Autor arbeitet zunächst die Grundlagen der Astro-
Medizin heraus. Dadurch wird klar, wie die Zusammenhänge zwischen Tierkreiszeichen und Körperregionen entstanden sind. Dann
belegt er auf überzeugende Weise, dass die Planeten in erster Linie im
psychosomatischen Sinn gesehen werden müssen. Denn nur so ist es
möglich ist, Krankheitsursache und Verlauf vom Psychologischen
her zu erkennen. Auf diese Weise können die unbewussten Heilkräf-
te, die in jedem Menschen schlummern, eingesetzt werden, um eine
Krankheit auch von der Seele her zu heilen.

»Natürlich ist die Interpretation eines Horoskops in psychosoma-
tischer Sicht nicht einfach, aber durch die sehr gute Strukturierung
dieses Buches, die klare und pragmatische Ausdrucksweise kann der
astrologisch Interessierte schnell Zusammenhänge erfassen und er-
kennen. Bernd A. Mertz hat zum Verständnis der Astro-Medizin viel
beigetragen, und das macht dieses Buch empfehlenswert.«

Astrologie Heute

CHIRON VERLAG

Standardwerke der Astrologie

WILFRIED SCHÜTZ

Ganzheitliche Astromedizin

Eine astrologische Gesundheitslehre

208 Seiten, zahlreiche Abbildungen und Tabellen

ISBN 978-3-89997-143-9

Unausweichlich werden wir immer wieder mit Krankheiten konfrontiert. Die ganzheitliche astrologische Betrachtung geht zunächst davon aus, dass das, was geschieht, bei den vorliegenden Lebenszusammenhängen zutiefst sinnvoll ist, um das gefährdete Gleichgewicht aller Lebensenergien sicherzustellen. Sie lernen den kosmischen Aufbau des Körpers und die astrologische Symbolik der Organe kennen. Weiterhin erfahren Sie die Erkrankungszusammenhänge aus der Sicht des Horoskops. Um die Energien aber zukünftig nicht mehr in die Symptome, sondern in die Lebendigkeit fließen zu lassen, kommen wir nicht umhin, einen Weg der Entwicklung zu beschreiten. Wohin diese für den Einzelnen führen könnte, erfahren Sie anhand ausführlicher Darstellungen von Gesundungsprogrammen.

»Zukünftige astromedizinische Werke werden wohl daran gemessen werden müssen. Ein Buch, das psychologische Astrologen bereichern und klassische Astrologen verändern wird.«   Merdian 2-2007

CHIRON VERLAG